Lydiette Carrión, periodista y escritora, es autora de *La fosa de agua* (Debate, 2018; Debolsillo, 2024). Sus trabajos se encuentran en diversos libros y antologías; el más reciente es *Crónica 5* de la UNAM (2023). Se ha especializado en la cobertura de feminicidios, lo que le ha valido reconocimientos como el Premio Gabriel García Márquez (2019), por el proyecto colectivo Mujeres en la vitrina, que explora la trata internacional entre México y Venezuela, y el Premio Género y Justicia (2012), entre otros. Ha participado en investigaciones periodísticas para documentales y largometrajes de ficción, entre ellos *Cenizas de la gloria* (2022) y *Arillo de hombre muerto* (2024). Es editora en *Pie de Página*. Actualmente cursa el doctorado en Escritura Creativa en la Universidad de Houston.

FEMINICIDIO MÍTICO

LYDIETTE CARRIÓN

FEMINICIDIO MÍTICO

DEL CRIMEN AL PRODUCTO CULTURAL: IMÁGENES, NARRATIVAS, MODA Y CONSUMO DE LA VIOLENCIA

DEBATE

Título original: *Feminicidio mítico*
Del crimen al producto cultural: imágenes, narrativas,moda y consumo de la violencia

© 2026, derechos de edición mundiales en lengua castellana:
Penguin Random House Grupo Editorial, S. A. de C. V.
Blvd. Miguel de Cervantes Saavedra núm. 301, 1er piso,
colonia Granada, alcaldía Miguel Hidalgo, C. P. 11520,
Ciudad de México
© 2026, Penguin Random House Grupo Editorial USA, LLC
8950 SW 74th Court, Suite 2010
Miami, FL 33156

ISBN: 979-889-098-744-0

Impresión digital bajo demanda

156016905

Esta investigación fue hecha en gran parte durante el proceso de maestría en la Facultad de Ciencias Políticas y Sociales, con una beca del Conahcyt. Viva siempre la educación laica, pública y gratuita. Gracias a las queridas doctoras: Tena, García Calderón, Hernández Carballido y Robles. Dedicada a mis colegas periodistas de calle, lxs de a pie, de quienes siempre aprendo. A R. y siempre, todo siempre a L.

Índice

Prólogo

GABRIELA JAUREGUI

En 2018 leí *La fosa de agua: desapariciones y feminicidios en el río de los Remedios* (Debolsillo) de Lydiette Carrión cuando estaba haciendo investigación para mi novela que trata, justamente, de un feminicidio mítico adaptado a nuestros días. Recuerdo sumergirme en sus páginas y tener pesadillas por la noche; y a la vez recuerdo terminarlo agradecida, con un poco más de contexto de cómo opera la atroz epidemia de feminicidios en nuestro país: la combinación letal entre impunidad, complicidad y desidia. Pero también recuerdo sentir un llamado a la acción. Recuerdo querer escribir más y mejor después de leerlo, por las que ya no están; y por nosotras, las que nos quedamos.

Después de leer ese libro, que sigue siendo tan dolorosamente vigente, celebro que hoy llegue a nuestras manos *Feminicidio mítico: del crimen al producto cultural: imágenes, narrativas, moda y consumo de la violencia* (Debate) porque me parece que es una continuación lógica y radical de su primera indagación en el tema. Digo radical por dos razones, primero porque justo hace eso: ir a las raíces del feminicidio, y luego porque también es un giro en su forma de escribir e investigar. Me parece que lo que hace Carrión es buscar las razones más profundas, que van más allá de la estructura patriarcal-estatal que nos tiene sumidas en la violencia actual, para tratar de entender de dónde más puede venir tanto odio. En conversación conmigo, Lydiette llama esta labor "una responsabilidad" y me parece que estas páginas hacen honra a esa habilidad de responder, como nombra Gloria Anzaldúa a la responsabilidad, pero también honran a la necesidad de Lydiette de hacerse más y mejores preguntas en torno a las razones y raíces de este fenómeno que no es ni nuevo, ni exclusivamente mexicano.

Para esto, la autora echa mano de la investigación periodística, sí, pero también del lenguaje del mito, de cuentos populares, de leyendas, de anuncios de perfume, o desfiles de moda, hilándolo todo en el continuo de la violencia misógina que empieza hace miles de años con el giro de las culturas matrísticas (entre 6000-4000 a.e.c) a las que adoran a deidades solares, masculinas y guerreras y que, propone Carrión, "requiere del feminicidio y su representación" (p. 164), como nos muestra en este libro. Este análisis de la domesticación y de la expropiación del poder de las mujeres y de lo femenino no sólo hace eco de las importantes observaciones de Silvia Federici o Rita Segato, sino que también se aterriza en lo cotidiano —en un libro, en una película, en un anuncio publicitario— y así me recuerda lo que escribe Vivian Gornick sobre el uso de lo que ella llama cierta "retórica mitificadora para poder oprimir y destruir" en su ensayo "Por qué algunos hombres odian a las mujeres":

> si las mujeres no son seres humanos comunes y corrientes, si están efectivamente dotadas de poderes aterradores, entonces es comprensible que se les tema y que se desee acabar con ellas. Es un mecanismo de opresión clásico, el típico mecanismo que siempre se presenta como el alumbramiento de la verdad universal.[1]

Lydiette indaga en estos mecanismos de representación, de "verdades" y "narrativas que se vuelven míticas o fundacionales" (p. 166), como anota en estas páginas, y que naturalizan la violencia y la opresión una y otra vez en distintas partes del mundo. Básicamente, me atrevo a decir que gracias a este libro veremos cómo el feminicidio se convierte en una especie de proyecto "civilizatorio" (el proyecto de lo que hoy llamamos "civilización" y que tiene poco de civilizado, como nos lo recuerdan día con día las muertes en nuestras pantallas y dispositivos).

Con cuidado y desde muchos ángulos y disciplinas, Carrión rastrea la construcción de "este ambiente feminicigénico" (p. 24), como lo nombra, porque esto "nos entumece, probablemente reifique, naturalice relaciones que podemos transformar" (p. 218). Lo que me parece crucial es que, al ponerlas a la vista, Lydiette contribuye, justamente, a que podamos transformarlas, al hacer visibles "los andamiajes culturales [invisibilizados] de dicha dominación" como dice Pierre Bourdieu citado en estas páginas. Porque es urgente. Porque, como apunta la autora, "necesitamos comprender lo que nos pasa, lo que les pasa a otras mujeres; los miedos que sentimos, de dónde vienen, los riesgos, qué hacer. [...] Y no es [sólo] cosa del pasado, sino del presente" (p. 90). Porque todavía nos están matando. Porque esas muertes se relacionan con mucha otra violencia que opera sobre distintos cuerpos-territorios de maneras muy específicas, y a la vez sistemáticas. Y porque es urgente poder desmitificar jerarquías para nombrar, imaginar y crear un mundo más equitativo y recíproco.

Espero que este libro les deje, como a mí, cuestionándolo todo y con ganas y pistas para cambiarlo también.

Introducción

Todo comenzó con dos campañas publicitarias de moda femenina. Ambas retomaban motivos de feminicidios que en su momento conmocionaron a la opinión pública y fueron ampliamente difundidos por los medios. Una de las campañas fue repudiada (aunque de forma parcial), pero la otra, no. El producto y los anuncios estuvieron presentes más de una década. En ocasiones, veía en el cine y la literatura algunos fragmentos de historias que hemos reportado desde la prensa. Eso me hacía sentir incómoda, rara. Pero ver estos motivos en la publicidad de ropa, perfumes, artículos de lujo vinculados al ideal de una identidad femenina, me desconcertó. Debo reconocer que no fui yo quien se percató de este punto clave. Me encontraba impartiendo un taller sobre cobertura de feminicidios para periodistas y llevaba estos y otros ejemplos en un PowerPoint. Era alrededor de 2012. Mientras pasaba mis diapositivas y daba mi charla sobre las consecuencias de una forma desaseada o estridente en coberturas de este tipo de crímenes, una reportera dijo algo así como: "oye, pero esto lo venden a mujeres". Yo no lo había reflexionado. (Esta incisiva observación es de aquella colega de quien no recuerdo su nombre, así que no puedo agradecerle directamente, pero sí a todxs mis colegas en general por toda la retroalimentación y enriquecimiento que siempre me han dado.)

Los dos casos que yo conocía bien no eran una anomalía. En diciembre de 2012, en India, una estudiante de medicina de 23 años fue víctima de violación tumultuaria y feminicidio en un autobús. Dos años después, un fotógrafo de su país publicó un *fashion spread* titulado "The Wrong Turn"[1] inspirado en el caso: la modelo vestida para un coctel, con rostro de angustia, tratando de defenderse de varios hombres en un autobús. En 2013, la revista estadounidense *Vice*, de corte liberal, muy progresista, publicó un número entero dedicado a las "Mujeres en la ficción". Junto a cuentos y entrevistas a escritoras, otro fascículo de modas "Últimas palabras". Las modelos fueron vestidas y caracterizadas como escritoras momentos antes de morir por suicidio: una versión estilizada de Virginia Woolf adentrándose al río; Sylvia Plath frente a la puerta del horno. Las imágenes varían en grado de violencia. Una famosa reportera con una pistola en la boca a punto de jalar el gatillo.[2]

¿Por qué una mujer compraría zapatillas de lujo con un anuncio publicitario que representa a otra mujer violada y asesinada? Hice un poco de investigación de internet. Me encontré con el trabajo de Lisa Hågeby, una estudiante de Diseño sueca. Había recopilado al menos un centenar de campañas publicitarias en las que modelos eran apuntadas con pistolas, estaban caracterizadas como víctimas de violación o asesinato, otras descuartizadas como reses en un rastro, cabezas femeninas en la pared, cual piezas de cacería. En muchos casos, vendían productos a mujeres.

¿Por qué?

Mi principal impulso era condenar este hecho, pero también me generaba curiosidad. ¿Por qué? Los creativos en el mundo de la moda de lujo no suelen ser tontos. Ganan muchísimo dinero, se trata de una industria millonaria. ¿No valdría la pena explorar qué hay detrás de esto? Propongo un supuesto: vivimos en un ambiente *feminicigénico,* donde el asesinato misógino de mujeres es un engranaje simbólico fundamental para la reproducción social, incluso en aquellos nichos o lugares en los que estos crímenes no son tan frecuentes. Consumimos culturalmente esta violencia de muchísimas formas. También me pregunté qué hacemos la diversidad de mujeres con tales mensajes.

Fue así como surgió este libro

Seguir el viaje de elementos, símbolos, piezas de un crimen misógino, que pasan, primero, del hecho, luego a la representación periodística, después a la ficción, al arte y finalmente a la publicidad. Esto último (la moda y publicidad) era con lo que menos estaba familiarizada. Así que me puse a leer. Aprendí que la moda es un articulador nodal de la construcción identitaria desde el siglo XX. Luego conocí el trabajo parteaguas del francés Guy Bourdin. De hecho, la fotografía publicitaria como la conocemos hoy es, en gran medida, invención suya: su aporte consistió en quitar del foco el objeto que se desea vender y, en su lugar, contar una historia. Esta innovación transformó la publicidad y dejó una marca indeleble en la cultura visual contemporánea. Y también fue pionero en vender zapatos con feminicidios.

Se le describe como un provocador y es innegable la influencia surrealista. De 1955 a 1987 aproximadamente, trabajó para revistas como *Vogue*, *Harper's Bazaar*, y fotografió campañas de marcas como Chanel, Charles Jourdan. Para tener una idea de su influencia en la moda y las intersecciones entre ésta y el arte, en 2023, casi 37 años después de sus últimas colaboraciones, se inauguró una exposición con su obra titulada "Storyteller" en el museo de moda Armani Silos de Milán.

Empecemos con la primera fotografía publicitaria de Bourdin que sugiere violencia contra las mujeres: 1975, un solo zapato de plataforma y dos enchufes. Del enchufe izquierdo, el más cercano al zapato, está conectado un cable verde. El mismo cable se ve desconectado en el segundo enchufe, y de éste sale una pintura roja, simulando sangre.[3]

En 1980 publica sus imágenes en el entonces prestigioso Calendario Pentax: una mujer desnuda boca abajo, un charco de pintura roja parece salir de su boca. Otra fotografía: una cama debajo de la que sobresalen los glúteos y las piernas de una joven. ¿Un cadáver parcialmente oculto? Sobre la cama un elefante de peluche cuya trompa señala los glúteos (¿infanticidio, violación?).

En 1982-1983, Bourdin crea la campaña de Roland Pierre, otra casa de zapatos de lujo. Las dunas de ¿una playa? y tiradas sobre ellas dos mujeres, sus rostros y cuerpos cubiertos con periódicos. Sólo vemos las estilizadas piernas y los zapatos de fiesta. En segundo plano una tercera mujer hablando en una cabina telefónica pidiendo ayuda, con el rostro "bellamente" desencajado, maquillaje estridente y corrido, llorando.[4]

Desde 1950, Bourdin gustaba de fotografiar mujeres como si hubieran sido asesinadas. Su primera esposa le sirvió como modelo: una fría playa llena de guijarros. Un bajo puente (el cuerpo de nuevo semiocultado), la mujer bocarriba con los ojos abiertos mirando al cielo. Una "muerta a la que fueron a tirar".

Para 2011, la socióloga Jacque Lynn Foltyn[5] identificó un incremento en la representación de mujeres víctimas de asesinato dentro de la publicidad y la moda femeninas. Desde tiempo atrás, advierte, las modelos solían aparecer en posturas sumisas o vulnerables; sin embargo, a comienzos de la década de 2010 se observa un aumento significativo en las representaciones de muerte, algunas de forma pacífica y otras, violenta. Como posible explicación, la autora plantea que la belleza comparte ciertos rasgos con la muerte, como la pasividad, el reposo y la sumisión. Pero entonces, ¿por qué tantas referencias a la pederastia, la violencia sexual o el descuartizamiento?

Inicié con lo que conozco más: el periodismo. En el primer capítulo a partir de la reconstrucción de uno de los casos más famosos en México (Gregorio Cárdenas), busqué lo que la prensa incluyó o dejó al reportar, qué trascendió a la historia y de qué manera. Encontré muchas cosas: por un lado, un genuino esfuerzo por conocer la verdad por parte de periodistas que, sin embargo, no dejaban de imprimir un matiz sexista a sus historias; una honesta indignación social, y, de forma destacada una simbiosis profunda entre la prensa de justicia y la policía. Asimismo, me encontré un interés intenso por parte de mujeres, que, ¿como yo? buscaban comprender todo esto. ¿Sería dicho interés parte del entramado en la publicidad feminicida? También identifiqué que no sólo la prensa imitaba un discurso de investigador o policiaco y bebía de las filtraciones policiales, sino que a su vez la policía elaboraba (y elabora) sus hipótesis a partir de narrativas que la prensa acuñaba. (Estos fenómenos serían una constante en los capítulos 3 y 4.)

La prensa suele amoldar sus historias a guiones ya dados: mitos, novelas, etcétera. Entonces, me pregunté, ¿desde cuándo existen las representaciones que damos por "buenas"? Por eso, en el segundo capítulo analizo algunas narrativas sobre feminicidios en Occidente (que actualmente impone sus relatos a escala global) y otros contextos culturales, con énfasis en la Modernidad: sus causas, justificaciones y formas de representación. La historia del feminicidio es inabarcable, y menos en un proyecto como éste, pero me interesaba trazar una "arqueología del saber" —como diría Foucault— que subrayara las rupturas en las formas de representación. Encontré muchas cosas, entre ellas una lectura interesante sobre la Coyolxāuhqui.

Símbolos y relatos que se repiten a lo largo de los siglos. Tanto en la ficción como en la no ficción, identifiqué una tipificación de las víctimas que suele repetirse: la "víctima inocente", la "mala víctima", las cuales ya había distinguido en periodismo, y —para mi sorpresa— encontré una tercera: la "superviviente". A su vez, los personajes masculinos asociados también tienden a organizarse en categorías: el "héroe caído o atormentado", el "monstruo" y el "cazador de monstruos". Propongo que esto forma parte de una mistificación cultural que oculta relaciones de poder, esto es, una suerte de engaño: "una forma de manifestación que oculta la realidad efectiva y muestra lo contrario de esta".[6]

En los últimos dos capítulos, retomo los dos casos reales que fueron mi detonador, muy explotados por la prensa, que "brincaron" a la ficción y luego a la moda y publicidad dirigida a mujeres. Concluí que en este proceso se da una mistificación triple: de lo real, a la representación periodística y la ficción, a la producción de identidad por medio de la moda. Creo que estos procesos ocasionan que, de pronto, la moda sea en efecto ese espejo oracular del que hablaba Walter Benjamin,[7] pero, en vez de deberse a la "intuición" del sexo femenino, como aventuró el pensador (la industria de la moda no está conformada sólo por mujeres y su lógica es otra), más bien se debería a que ahí se concentran las angustias y las mistificaciones sociales de la forma más exacerbada, por la velocidad en la que viajan los referentes en la ecología mediática.

Una línea importante que queda por explorar es la alienación que todas, todos, todxs estamos sufriendo en estos tiempos de hiperconectividad y aturdimiento por mensajes tan confusos y constantes. Ello se traduce en una incapacidad para discernir (al menos emocionalmente) entre los hechos de la realidad y la ficción. ¿Qué implicaciones tiene esto, más aún de cara a la creación de contenidos con inteligencia artificial? Considero que futuras investigaciones son no sólo necesarias sino urgentes. Que la muerte violenta de una mujer sea vendida como mercancía, como sueño, mistificación para otras mujeres debe obligarnos a mirar qué relaciones sociales se encuentran ocultas en este ambiente feminicigénico, y qué respuestas necesitamos construir frente al vacío que nos dejan estas violencias.

1

Goyo Cárdenas, la voz del asesino, el silenciamiento de las inocentes

Figura 1. Representación de la campaña para el diseñador de zapatos Roland Pierre 1982-1983, por Guy Bourdin. La publicidad dirigida al público femenino parece aludir a una noche de fiesta con final trágico.

FUENTE: https://www.phaidon.com/agenda/photography/articles/2017/march/29/investigating-the-deathly-side-of-guy-bourdin/

> La humanidad se ha convertido ahora en espectáculo de sí misma. Su autoalienación ha alcanzado un grado que le permite vivir su propia destrucción como un goce estético de primer orden.
>
> WALTER BENJAMIN[1]

> La sociedad de masas no quiere cultura, sino entretenimiento, y la sociedad consume los objetos ofrecidos por la industria del entretenimiento como consume cualquier otro bien de consumo. Los productos necesarios para el entretenimiento son útiles para el proceso vital de la sociedad, aun cuando para la vida puedan no ser tan imprescindibles como el pan y la carne.
>
> HANNA ARENDT[2]

> Ningún "nosotros" debe darse por sentado cuando el sujeto está mirando el dolor de otras personas.
>
> SUSAN SONTAG, *Ante el dolor de los demás*

Llamaron a la puerta. Cristina Martínez detuvo la máquina de coser, se levantó de su silla y fue a abrir. Frente al zaguán esperaba un enflaquecido hombre de unos 50 años, mejillas hundidas y hondos surcos de marioneta: una cara alargada bajo el sombrero fedora. Se presentó como el agente número 35, José Acosta Juárez.[3] Éste explicó que el estudiante que arrendaba el inmueble contiguo, el número 20[4] de Mar del Norte, estaba vinculado a la desaparición de una señorita de muy buena familia, tan buena familia que el propio jefe del Servicio Secreto del Distrito Federal[5] dirigía personalmente la investigación.

La joven estaba desaparecida desde hacía ya cinco días, no había llegado a su casa desde el pasado 2 de septiembre.

—Dígame, de pura casualidad, ¿ha visto usted por aquí a una señorita?[6]

—¡Oh, el Servicio Secreto! Oiga, ¿vienen por nuestra denuncia?

El agente 35 negó con la cabeza.

—Vamos por partes, señora. Esto es importante. Conteste por favor. ¿Ha visto por aquí a alguna señorita, blanquita, que se ve es de buena familia?

—Pues, en efecto, en algunas ocasiones, el estudiante ha llegado en compañía de una joven ... pero...

El agente la interrumpió con un ademán y sacó un retrato.

—Mírela bien. Se llama Graciela. ¿La ha visto por aquí?

Cristina observó con detenimiento la fotografía en blanco y negro: una muchacha robusta, de rostro redondo, rasgos finos, el pelo muy corto, a la moda.

—No. Ésta no es la que he visto por aquí. La que yo me refiero tiene unos 23 o 24 años, de cabello ondulado, de tez blanca, sí. Pero no ésta. Oiga, pero el jardín, déjeme explicarle...

—Por partes, señora. ¿Desde cuándo vive aquí el estudiante?

—Hará unos cinco meses. La dueña del inmueble, la que sembró y cultivó el jardín, le arrendó la vivienda a Goyo. El joven le da uso de estudio y laboratorio. A veces dormía ahí, pero otras, regresaba a casa de su madre. En ocasiones sus experimentos científicos, despedían un olor muy penetrante, inundaba toda la cuadra. No se podía estar a gusto. A pesar de eso, antes nos caía bien. Pero ya no nos inspira confianza.

Esta última frase captó por fin la atención del agente; Cristina lo vio en su expresión.

—¿Por qué dejó de inspirarles confianza?

—Todo empezó cuando noté un cambio en las plantas del jardín. Un mes atrás no estaban así. Lo sé bien porque, cada vez que subía a mi azotea a asolear la ropa, gustaba de ver las plantas, y por eso conocía su distribución: el plátano, las hierbas de olor, el cilantro, las de ornato. Por eso, hace unos 10 días, me percaté de que algunas habían sido arrancadas, otras las remudaron con violencia, y ahora sólo se marchitan sobrepuestas en la tierra…

El agente cambió su peso de un pie al otro. Cristina conocía esos ademanes bien, de cuando los hombres tienen prisa. Quiso acelerar su explicación, pero se acordaba de más cosas, y necesitaba hablarlas.

—No sólo fueron las plantas. De hecho, en realidad primero fueron las moscas. Algunas se metieron a la zotehuela. Eran de las gordas, grandes, de colores metálicos, anaranjadas, amarillas, azulverdes, las que llaman panteoneras. En aquel momento busqué dónde venían, pero no di con nada así que dejé las cosas en paz. Sin embargo, hace unos tres o cuatro días, por la mañana, subí a tender y vi en el techo de la vivienda del vecino tres zapatos enlodados: dos de hombre y uno de mujer. Alguien los había aventado como para deshacerse de ellos. Quién más pudo ser sino Goyo. Le conté a mi vecina, la señora

Elvira Vázquez,[7] y ambas subimos a examinarlos… Bueno, de lejitos, porque no nos podíamos brincar. Uno de los zapatos de caballero llevaba una plantilla hecha de papel periódico que estaba manchada; pensamos que era sangre.

Y fue entonces que pudimos identificar el origen de la plaga de moscas: venía de un lugarcito en el jardín. Quizá las lluvias de septiembre dejaron al descubierto algo, algo que las atraía…

Para entonces el agente 35 sí que estaba interesado en lo que describía la vecina, ella podía notarlo. El agente dejó de cambiar el peso de su cuerpo y miraba atentamente.

Cristina continuó:

—Telefoneamos a la comisaría y le describimos los hechos a un agente: el jardín destruido, las moscas, los zapatos, pero no nos hicieron caso. Le pedí a mi marido que fuera en persona a la estación de policía. Y así lo hizo, junto con otros vecinos. Pero tampoco tuvieron éxito. Nadie nos escuchó.

Hasta hoy, 7 de septiembre de 1942.

* * *

El agente Acosta Juárez dio las gracias y se despidió. Echó a andar el corto trecho que lo separaba del número 20 de Mar del Norte, embarrándose los zapatos con el lodo que dejaba la temporada de lluvias en las calles sin asfaltar. Aunque no soportaba al agente 104,[8] quizá éste tenía razón. Por la mañana habían discutido sobre la desaparición:[9] él, Acosta Juárez, daba por buena la versión del estudiante, que Graciela había huido a Estados Unidos con una amiga. En cambio, el agente 104 sí pensaba que algo le habían hecho: ¿por qué encontraron los objetos que Graciela llevaba la noche que desapareció en el estudio de Goyo? Para zanjar acordaron que el agente 104 iría a cancillería para ver si hallaba algún registro del supuesto viaje; y el agente 35 preguntaría de nuevo por aquí, por la casa que arrendaba el sospechoso.

Ésta sería la segunda vez que un agente entraría a la vivienda. La primera fue el 3 de septiembre, poco después de que el prestigioso penalista moreliano Manuel Arias, padre de Graciela, se apersonara en las oficinas del Servicio Secreto, hablara con su amigo Leopoldo Treviño Garza[10] .

Arias explicó que 2 de septiembre, su querida hija de 21 años asistió al tercer turno de la preparatoria en San Ildefonso y, como cada tarde, salió de clases a las ocho y media. Sus compañeros aseguraron que se había ido con Goyo, antiguo compañero suyo que ya se había graduado del bachillerato y ahora estudiaba el primer año de Ciencias Químicas.

Gregorio pasó por Graciela en su auto Ford. Por eso, explicaba el padre, sospechaba de dicho estudiante, quien "asediaba"[11] a Graciela desde hacía dos años y de quien su hija pensaba alejarse definitivamente.

Todos sabían dónde estaba el sospechoso, no era que él se escondiera propiamente.

Gregorio Cárdenas se hospitalizó en un sanatorio mental privado un día después de la desaparición. Le explicó al director que él no estaba loco, que Graciela se había ido con una amiga enfermera para los Estados Unidos. Y en lo que se aclaraban las cosas, mejor se internaba para que no le echaran la culpa de lo que hizo su novia. Incluso, dijo, él le dio algunos libros de química para costear su viaje. Luego cambiaba la versión y decía que ella se los había robado, pero no quería hablar mal de quien fuera su novia.

Treviño Garza ordenó que dos agentes femeninas se disfrazaran de enfermeras para vigilarlo. Ellas coincidían en que se hacía el loco.

De nuevo estuvo frente al 20 de Mar del Norte. Acosta Juárez forzó el candado, abrió las dos hojas de madera del pequeño zaguán y se internó en el pasillo que conectaba los cuartos de la construcción. Vio los muros desnudos con tabiques expuestos, una vivienda humilde y casi en obra negra. Las pertenencias del estudiante seguían ahí tiradas, en el primer cuarto: las ropas lodosas que los agentes ya habían visto, los pantalones con los tubos arrollados y sucios, el catre de hierro maltratado y el colchón volteado, todo en desorden desde la primera vez que catearon el lugar. En el segundo cuarto, los libros, perfectamente acomodados en sus anaqueles. En el tercero, los matraces, los tubos de ensayo, los libros de química, las fotografías y los diarios. Los estantes atiborrados de frasquitos que contenían sustancias químicas con nombres impronunciables en etiquetas. Todo eso lo vieron la primera vez que entraron, cuando pusieron de cabeza la casa buscando pistas, cuando recuperaron un pañuelo y espejito y Arias los identificó como propiedad de su hija. Aunque en esa ocasión el grupo de élite revolvió toda la casa, a pesar de las ropas lodosas a la entrada, a nadie se le ocurrió abrir la puerta que daba al jardín.[12]

"¿Cómo no se nos ocurrió?".

Cruzó el umbral al patio interno.

El olor a muerte lo abofeteó de inmediato, magnificado por la humedad y el calor del mediodía.

Un lugar en particular zumbaba con moscas metálicas multicolores.

Tras las lluvias de septiembre era difícil que las cosas permanecieran bajo tierra.

Plantas marchitas.

Floreciendo en la tierra, los dedos hinchados de un pie.

¿Cuánto tiempo tarda un cadáver en pudrirse cuando está en contacto con el agua?

Los que de verdad saben dicen que muy poco.[13]

Septiembre en la Ciudad de México.

Temporada de lluvias.

* * *

Tras un par de horas arribaron en tropel agentes del Servicio Secreto, ministerios públicos, policías de a pie, todos encabezados por Leopoldo Treviño Garza. Cuando desapareció Graciela, la policía fue cauta en compartir el caso con la prensa. Al fin y al cabo, se trataba del honor de una señorita de muy buena familia. Pero ahora… un estudiante que mató a la muchacha y la enterró en el jardín. El secreto no se podía guardar. Así que los agentes llegaron acompañados de sus reporteros de confianza: *La Prensa*, *El Nacional*, *El Universal* y otros diarios, grandes y pequeños. Eran hombres todos. En conjunto, policías y reporteros formaban múltiples hileras de pantalones oscuros y sombreros de ala ancha.

Lo que quedaba de las plantas fue destruido por completo. Excavaron donde estaban los dedos coronados por moscas.[14]

"¡Ya la mataron!", gritó alguien.

El cadáver femenino estaba boca abajo. Amarrado cual balancín, las manos atadas a los pies a la altura de las nalgas con un suéter y el cordón de un impermeable (¿quizá un impermeable color salmón?), vestía casi toda su ropa. ¡Pero ésta no era Graciela! El cadáver pertenecía a una mujer muy delgada y de cabello largo. Graciela era robusta y llevaba el cabello corto.[15] Justo a un lado había ¡un segundo cadáver! También boca abajo. La ropa alzada, dejando al descubierto el cuerpo de la cintura para abajo. Un fondo amarillo, un saquito azul cuyo dibujo apenas se distinguía. Su rostro descansaba sobre uno de sus brazos. Tampoco era a quien buscaban.[16]

Un bulto. Una cobija cuyo color y características se han perdido por las lluvias. Al desenvolverlo, encontraron un tercer cadáver, el de una mujer robusta, completamente desnuda. Bocabajo también. A un lado de ella, sus pertenencias: un vestido verde seco, sus medias, su bolso.

Ésta sí era Graciela, la que andaban buscando. La preparatoriana de buena familia, de modales y costumbres impecables. La hija del prominente penalista.

Se soltó el aguacero, como los que suelen caer en las tardes de septiembre. Algunos definieron aquella noche como tormentosa.

Los agentes interrumpieron el cateo. Ya tenían lo que buscaban. Los reporteros corrieron a sus redacciones a escribir la que sabían era la nota del año. La nota de la década.

"Espeluznantes crímenes de un vesánico asesino de colegialas".[17]

Los editores de nota roja le dieron la primera plana, mientras que los de diarios más "serios" lo consignaron de forma más modesta y se justificaron por llevar la información. No vayan, queridos lectores, a pensar que no somos periodistas serios, pero es que esto en el futuro será conocido como "los crímenes del estudiante".[18]

Órdenes de trabajo:

¿Quién era el asesino? ¿Su familia? ¿Quiénes eran las otras víctimas? ¿A dónde lo llevarían? ¿Qué pasaría a continuación?

Los reporteros fueron a donde se encontraba Gregorio. Desde las dos de la tarde, cuando inició la exhumación, lo habían trasladado a la sexta delegación del Ministerio Público.[19] Y ahí agentes lo interrogaron, lo increparon sobre los tres cuerpos.

Goyo les reviró: "Pero les faltó una. Busquen bien".

* * *

Al día siguiente, el 8 de septiembre, se apersonaron de nuevo los agentes, ahora acompañados de los bomberos. Los curiosos ya habían montado escaleras contra las paredes o se habían subido a los techos de las casas vecinas, y desde ahí mirarían. Los dueños de las escaleras cobraban un peso, dos, por ver. Pero el lenguaje engaña con ese masculino general. Las notas de periódico relatan que la mayoría de los curiosos eran mujeres.[20]

Curiosas.

"La azotea de la casa permanecía coronada de mujeres, casi todas bellas, guapas y jóvenes, que no perdían detalle de la macabra escena".[21] Las pocas fotografías del momento muestran la escuadra entre Mar del Norte y la estrechísima cerrada del mismo nombre, la esquina de la casa, la calle lodosa por las lluvias y dos policías de baja estatura impidiendo el paso a la turba. Y en la línea, al frente, mujeres en su mayoría; muchas con delantal. No se alcanza a ver completamente, pero algunas se adivinan descalzas. Caras anchas, taciturnas, sin sonrisas o expresión. Alguna se hace acompañar del hijo de 11 o 12 años.[22]

El segundo día desenterraron dos cadáveres: el de un conejo y el de otra mujer, este último al fondo del jardín. Se encontraba bajo una marchita planta de espárragos;[23] la única víctima enterrada boca arriba, con las rodillas flexionadas y abiertas, exponiendo el sexo. No llevaba pantaletas, sólo su vestido. Un impermeable color salmón y lo que parecía un pañuelo le cubrían el rostro, como si él no hubiera querido verle la cara.

Llevaron a Goyo a la morgue a identificar a la última víctima. Una foto documentó el hecho y un día después fue publicada en *La Prensa*: Goyo al centro, tapándose el rostro con una mano, con un gesto extraviado. Las decenas de agentes y reporteros rodeándolo, flechas erectas en trajes oscuros y sombreros. Abajo, un amasijo de miembros femeninos sobreexpuestos, blanquecinos, casi resplandecientes. Piernas abiertas como una flor. Pareciera que está posando. La imagen no revela que ese cuerpo femenino lleva 20 días enterrado y descomponiéndose por las lluvias.

Magia de la fotografía.

* * *

La policía no dio a la prensa el dato más perturbador —o quizá la prensa decidió no usarlo—: el asesino introdujo dos pañuelos en la vagina de quien después sabrían que se llamaba María de los Ángeles, "Bertha".[24]

Los titulares se refirieron al suceso como abracadabradesco;[25] a él lo llamaron el *Barbazul Totonaca*[26] y titularon el caso cual novela negra: "Los crímenes del estudiante".[27] Las notas compartieron espacio en las páginas de los diarios con las noticias que llegaban desde Europa: "Los nazis cerraron el sitio a Stalingrado";[28] "Otro apagón con bombardeo aéreo";[29] y anuncios que promocionaban "relajantes uterinos" bajo la leyenda "A los hombres les gustan las chicas llenas de alegría".[30]

Durante los días siguientes al hallazgo, los reporteros de todos los diarios entrevistaron a Gregorio por horas, en su celda o durante algún trayecto en auto. En cada ocasión Gregorio daba versiones diferentes. "Graciela fue cruel". "No. Debo mantener la memoria de Graciela pura y casta". "La ahorqué".

Alguna nota afirmó que Gregorio la "violó muchas veces"; "No. Nunca la toqué. La enterré intocada".

Mientras, las mujeres se arremolinaban a donde quiera que lo detuvieran. "El chacal es asediado por mujeres en la prisión",[31] destacaba *La Prensa*.

"Abundaba el elemento femenino, principalmente muchachas, empleaditas de la procuraduría se agolpaban frente a la celda, tras la amplia reja esperando obtener permiso de conocer al criminal, para satisfacción de su curiosa morbosidad".[32]

Una de las "empleaditas" dio su veredicto sin preámbulo: "Es un cobarde".

Algunas exigían que a Gregorio se le ejecute; otras alegaban que querían comprender; un interés científico, consignaban burlonamente los reporteros. Las mujeres querían saber qué lo llevó a matar a otras mujeres.

La morbosidad de las féminas, sentencia la prensa. Todas tan lindas, tan jóvenes, tan curiosas. Curiositas.

Curiosa morbosidad.

* * *

Estoy leyendo *Alias Grace*, una novela de asesinatos de la canadiense Margaret Atwood. Hay un personaje singular, no es protagónico, pero se ha quedado conmigo, en mi psique. Se trata de una piadosa mujer ya de cierta edad, entre 40 o 50 años, con hija casadera. Viste moños y encajes *coquette* del siglo XIX, y por las tardes toma el té con sus amigas. Es fiel creyente y religiosa asidua a la Iglesia. Pero tiene un pasatiempo que desentona: guarda un *scrapbook*, esos cuadernos hechos con recortes, apuntes y *memorabilia* que las mujeres solían construir poco a poco y atesorar. En sus hojas las mujeres pegaban cartas y correspondencia de valor sentimental, pensamientos, escritos al vuelo, alguna fotografía o dibujo. Estos *scrapbooks* solían dar pistas sobre el rompecabezas y la historia emocional de las vidas femeninas. Pero, en vez de llenarlo con recuerdos de bodas o cartas, la esposa del director de la cárcel guardaba los recortes de los grandes crímenes cometidos y narrados en la prensa. Descripciones detalladas de asesinatos, violaciones sexuales, testimonios de detenidos, imágenes de ejecuciones.

Qué extraña mujer, pienso. La morbosidad que tantos moños encubren… Pero… un momento. Examinemos todo una segunda vez. Me recuerdo a mí misma, de joven. Voy en auto con mi hermano mayor, el que me lleva muchos años y al que quiero siempre impresionar. Él vive en Estados Unidos y trabaja en una universidad. Mi cuñada va a bordo también. Hablo de mis intereses. Hace poco que he entrado a un periódico, mi primer trabajo formal, y quiero "investigar". He visto insaciablemente series policiacas, *CSI: Crime Scene Investigation* o *Law and Order: Criminal Intent.* Hablo de cómo se podrían implementar mejores formas de investigación en México, de todo este enfoque científico que se ve tan lejano en nuestro día a día. Cómo juntar pequeñas piezas de un rompecabezas por medio de la ciencia. Mi interés se enfoca, por horas, en reconstruir lo que pasó en un caso determinado, en resolver algún misterio. Pego pequeños datos en mis libretas. A veces trato de acomodarlos en hojas de Excel, como lo haría en otro siglo con un *scrapbook*…

Mi hermano responde:

—Ah, claro, ahora está de moda entre muchas estudiantes andar por el campus con sus brochitas y polvos para detectar huellas digitales. Es una moda que viene de estas series de televisión —añade con una pequeña inflexión de la voz que revela condescendencia.

Eso no lo esperaba. Creía yo que mi afición por las series policiacas era anómala, algo que me ponía en una esfera percibida como masculina y no femenina.

Mi cuñada, busca ser más amistosa y explica:

—Las series de *Law and Order* son de lo más populares entre las amas de casa. Por eso las transmiten al mediodía, cuando las mujeres que se quedan en casa las pueden ver.

Y guiña un ojo: ella también las ve. Un gusto *culpable* que ambas compartimos en complicidad, y que mi hermano, por supuesto, no. Literatura femenina. Series de televisión femeninas. Géneros menores. Cosas de mujeres. Cosas mórbidas de mujeres.

Hay una extraña vergüenza por saberme un lugar común. Mis ideas de ser detective son compartidas por un ejército de mujeres jóvenes y no tan jóvenes. Mis intereses son los mismos que los de las mujeres que, imagino, se quedan en casa, "aburridas", mientras los hijos van a la escuela, y los esposos, al trabajo. Ellas ven al igual que yo series policiacas. ¿Cuántas de nosotras nos identificamos con Olivia Benson? ¿Somos la piadosa esposa del director de la cárcel, que da limosna, bebe té con sus amigas y colecciona los recortes de la sección policiaca?

"Mantente sexy y sin que te maten"

El festival anual CrimeCon se anuncia así en su página de internet:

> CrimeCon es un evento *inmersivo* de un fin de semana dedicado a todo lo relacionado con el crimen real y el misterio.
>
> Desde los últimos casos hasta las últimas técnicas científicas. Desde programas de televisión y documentos hasta los mejores podcasters y creadores del mundo. Y desde inmersiones profundas en temas de nicho hasta grandes eventos de salón con personalidades que usted ve todas las semanas. CrimeCon lo ofrece todo.
>
> Hecho por fanáticos para fanáticos,[33] la misión de CrimeCon es reunir a la comunidad del *true crime* durante un fin de semana lleno de educación, comprensión, defensa y mucha diversión.

Un espacio para gente que se siente atraída por las historias criminales, pero al que también asisten deudos de víctimas reales. *The Washington Post* lo describió así: por un lado familiares que llegan a hablar y explicar los sucesos, buscando tal vez una nueva pista o presionar a las autoridades; por el otro, *stands* de mercancías: playeras con las caras de Ted Bundy o Charles Manson,[34] parafernalia ensalzando a asesinos seriales. El nicho al que va dirigido: mujeres blancas, similares a las víctimas de estos crímenes.

> El primer día de CrimeCon, la fila masiva de asistentes con boleto en mano serpenteó por el primer piso del Hilton, pasó por una joyería y los ascensores y casi todo el camino hasta el vestíbulo. Los invitados de CrimeCon, como los fanáticos de los crímenes reales en general, son demográficamente similares a las víctimas más destacadas en los programas y libros sobre crímenes reales: el 80% son mujeres, según los organizadores, y en su mayoría blancas. La fila de CrimeCon estaba dominada por mujeres blancas en grandes grupos que reían, mujeres blancas que tiraban de la mano de un esposo o novio, mujeres blancas con playeras estampadas con frases como "Stressed, Blessed and True Crime Obsessed", "Talk Murder to Me" o "It's Always the Husband".[35]

Esta fascinación, capitalizada por medios, por productores de "experiencias", creadores de *merchandising*, es muchas cosas a la vez: una ventana para las víctimas que en ocasiones hace la diferencia (eso sí, con un enorme costo emocional y personal), el resurgimiento de una tragedia, la búsqueda de justicia a costa del sufrimiento propio. Es también un negocio lucrativo; un proceso de revictimización y banalización de los hechos para un público mayoritariamente femenino.

Desde el siglo XVIII se ha considerado que géneros como el gótico y las historias de fantasmas y de crímenes son "menores", es decir, de poca importancia artística. Esto, por apelar a la emoción, por ser vulgares y básicos. Además, se les considera entretenimiento para las mujeres.

Varios estudios en Estados Unidos han refrendado este interés "femenino" por los crímenes reales. Por ejemplo, en su artículo "Captured by True Crime: Why Are Women Drawn to Tales of Rape, Murder, and Serial Killers?", Vicary y Fraley concluyen que son las mujeres quienes escriben el 70% de las reseñas de libros de no ficción sobre crímenes sexuales en el sitio web de compras Amazon.[36]

No ocurre así con libros que abordan otro tipo de violencia. Por ejemplo, en aquellos que relatan combates y batallas, ahí los hombres dejan el 82% de las reseñas.[37] Es decir, no es que las mujeres consuman más violencia, sino interactúan más con un tipo específico de ésta, que involucra asesinatos sexuales, asesinos seriales, la violencia íntima, el feminicidio íntimo.

Los hombres, en cambio, se interesarían más en la guerra, o al menos la comentan más. Historias sobre héroes —vivos y muertos—, el avasallamiento de naciones, los pueblos derrotados, los pueblos vencedores. "Mr. Dad" ve la serie sobre la Segunda Guerra Mundial y el heroico desembarco de Normandía. "Mrs. Mom" ve la *Ley y el Orden: Unidad de Víctimas Especiales.*

El pódcast *My favourite murder* proclama el eslogan "Stay Sexy and Don't Get Murdered" (mantente sexy y no dejes que te maten) y durante 2022 fue descargado más de 10 millones de veces cada mes. De acuerdo con su productor, el 85% de quienes lo escuchan son mujeres,[38] aunque un estudio de corte académico[39] disminuye un poco esta proporción y propone que las mujeres conformarían el 73% de la audiencia.

Boling y Hull realizaron un estudio a partir de la teoría de la comunicación de los usos y gratificaciones. Ésta, a diferencia de metodologías previas que proponen una recepción pasiva por parte de las audiencias, parte del supuesto de que éstas no sólo consumen lo que se les presenta en los medios, sino que eligen productos culturales para satisfacer determinadas necesidades o deseos. Mediante encuestas, los investigadores detectaron tres motivaciones prominentes para los escuchas —tanto hombres como mujeres— de este tipo de pódcast: *a)* el entretenimiento, *b)* la "conveniencia" y *c)* el aburrimiento. Y entre las escuchas femeninas identificaron tres factores significativamente más prominentes: *i)* interacción social, *ii)* escape y *iii)* voyerismo.[40]

Kate Tuttle, crítica y colaboradora del *New York Times*, dedicó un breve ensayo personal[41] a su fascinación íntima por el *true crime*, que tiene desde niña, y cómo descubrió que no era la única con ese "gusto culpable":

> Algunos dirán que el *true crime* como género está irremediablemente desacreditado. Dirán que es explotador, feo, lascivo, voyerista. Como escribió Susan Sontag en *Ante el dolor de los demás*: "Ningún 'nosotros' debe darse por sentado cuando

el sujeto está mirando el dolor de otras personas". Su tema es la guerra y su fotografía, pero creo que hay una advertencia similar a la que las audiencias del *true crime* deberían prestar atención. Cualquier suposición de identificación y solidaridad es problemática, especialmente en un mundo en el que las mujeres blancas, las víctimas, son elevadas a un estatus casi de culto, mientras que las mujeres de color, que son asesinadas a un ritmo mayor, son ignoradas con demasiada frecuencia.

¿Pero por qué? Tuttle atribuye este interés a que la consumidora puede sentir una mezcla de emociones como el miedo, experimentar de forma vicaria la violencia contra el ser y buscar herramientas para prevenir y sobrevivir un ataque hipotético. Desde la sociología, Esther Madriz[42] apunta a que este interés en los crímenes tiene que ver con todas las violencias que las mujeres padecemos, y también con la forma en la que se representa a las víctimas femeninas.

Ahora bien, este fenómeno, el de mujeres que se interesan por crímenes contra otras mujeres, se ha resaltado en el mundo anglosajón, pero no en México. Se dice, de primera instancia, que nuestras sociedades son diferentes y que, además, en México existe el particular fenómeno de la nota roja, especialmente masculina. ¿Qué clase de ama de casa se solaza mirando la carne expuesta del choque vehicular o el asalto de ocasión? Es verdad que la nota roja, al menos aparentemente, sí es más leída por hombres, y se atribuye a que es un producto muy explícito y cargado de sangre. En 2015, un sondeo entre lectores de *El Gráfico,* la versión tabloide y gráfica (como su nombre lo dice) del diario *El Universal,* arrojó que el 63% de los lectores de la sección de seguridad —es decir, la nota roja— eran hombres y sólo un 37%, mujeres. Sin embargo, como María Félix Escalante, la entonces directora del diario, comentó, se trata de un producto que pasa de mano en mano, que es leído no sólo por quien lo adquiere, sino por una larga cadena de personas (así son los tabloides: del bolero, del barbero, a las decenas de clientes, a la chica que lleva los jugos, a sus propios clientes. Un diario en papel de rápida y estridente lectura disponible en los lugares donde la gente se reúne e interactúa, comenta las novedades del día. Así circula bastante más que los diarios convencionales, o considerados más serios); además de que se ha percibido que en esas encuestas la gente no suele responder necesariamente con la verdad qué secciones lee.[43]

Hay otros datos que sugieren que en México algunas mujeres también se interesarían. Saskia Niño de Rivera es anfitriona y productora de un exitoso pódcast mexicano, *Penitencia.* En él entrevista a personas privadas de la libertad, y el objetivo, ella asegura, es entender "qué lleva a alguien a cometer un delito, por qué en México vivimos con miedo". La productora reconoce que su audiencia, según datos de las plataformas, se compone de un 80% de mujeres y 20% de hombres.[44]

Otro dato más. Ricardo Ham es un académico y un reportero que ha cubierto extensamente el tema de los llamados asesinos seriales. Actualmente da cursos y conferencias al respecto. En las aulas y salones donde se presenta, dice, se acercan más mujeres que hombres en una proporción de 70% y 30%, respectivamente.[45]

—Cuando me invitan a dar charlas sobre asesinos seriales o cuando doy los cursos, o cuando estaba en el Instituto Nacional de Ciencias Penales, siempre eran más las mujeres que se acercaban e interactuaban. Y cuando me entrevistan para tesis siempre son mujeres las que se acercan.

—¿Qué te preguntan?

—Casi siempre preguntan si hombres y mujeres actúan igual a la hora de matar, las características psicológicas de las mujeres asesinas, si un asesino serial nace o se hace, cuántas mujeres asesinas seriales ha habido en el país…

—¿Y los hombres qué preguntan?

—Muchos van acompañando a las mujeres. Otros preguntan sobre los sicarios: sobre si el sicario es un asesino en serie o no, cuál es la diferencia entre ambos. O sobre casos muy en particular, casos históricos.

—¿Indagan sobre prevención?

—No. Pero cuando doy las conferencias, atajo la pregunta, porque desde el inicio menciono que hay que ser muy cuidadosos con las personas con las que nos relacionamos y doy las características de una persona psicópata. Doy una serie de recomendaciones, como no acercarse a vehículos grandes y otras formas de prevenir, no estar a la orilla de las banquetas…

—¿Qué edades tienen las mujeres interesadas?

—Van más chavillas universitarias. Hay una onda muy en boga de cuestiones criminológicas. Creo que está más influenciada por las series de televisión. Eso podría ser grave, quizás. Que te interese más lo que ves en una serie de televisión que no está dentro de tu realidad social…

Me cuestiono a mí misma. Trato de recordar qué hacía, qué pensaba cuando era adolescente, o cuando era joven y hablaba con mi hermano. Es difícil porque la memoria es engañosa y tendemos a suavizar nuestras propias contradicciones, las interpretamos sin darnos cuenta, las modificamos. Pero intentémoslo. Entre 15 y 17 años. En México explota el escándalo que entonces se bautizó como "las muertas de Juárez". Leo en el diario *La Jornada* lo que ocurre, la violencia contra muchachas de mi edad, violencia que es relatada de manera muy explícita. Leo descripciones de torturas, de pezones mutilados. Esto en particular me marca, se queda conmigo, aunque yo no quiera. Cuánto dolor debe causar, mis propios pezones duelen. Siento miedo y tristeza. Ellas son como yo. Tengo miedo, pero trato de calmarme. Me digo que eso a mí no me va a pasar, que eso ocurre a muchos cientos de kilómetros de donde me encuentro: lejos de mi Colegio de Ciencias y Humanidades, de mi departamento de clase media. Me sugiero que en el fondo ellas no son como yo. Pero ya me han pasado cosas. Ya me han pasado cosas.

Tengo 15 años y ya he sufrido la violencia sexual inesperada en la calle. Recién al ingresar al CCH. Nada muy grave, me repetiré… ha sido de la siguiente manera: subiendo un puente, con mi mochila en la espalda, para tomar el camión que va a mi escuela. Enfrente de mí, a unos 30 pasos, va otra muchacha.

Miro a un hombre que se aproxima, va en la dirección contraria y me rebasa. De pronto, me ha agarrado con fuerza entre las nalgas, me ha jalado y casi me tira.

He gritado muy fuerte, sin proponérmelo. De esas veces que escucho mi voz como espectadora, sin control de lo que hace mi cuerpo.

Y nadie me ha ayudado.

Enfrente de mí la otra muchacha ni siquiera ha mirado atrás.

Cuando he logrado zafarme del manoseo de este hombre sin rostro, corro muy rápido y alcanzo a la otra chica en el paradero de autobuses. Nunca me voltea a ver ni me pregunta cómo estoy. Hay más gente. Nadie se percató o nadie lo hizo explícito.

Siento vergüenza. Al miedo se suma la vergüenza. ¿De qué? No queda claro.

Unos días más tarde me ocurre una segunda vez. ¿Es el mismo hombre?

¿Y si la próxima vez que suba este puente alguien me jala al bosquecillo, me viola y arranca mis pezones, me mata? La chica de enfrente ni siquiera volteará.

He sentido miedo muchas veces, como cualquier otra mujer, al abordar un taxi por la noche o al caminar en una calle oscura, sola o acompañada. Y luego crezco más y veo películas, y luego veo series de televisión, y siento la posibilidad de dar un orden al caos, de diseccionar, de tener control. Me digo que a mí no me va a pasar porque estaré preparada, porque en las películas las chicas más interesantes sobreviven… Dar rienda a mi curiosidad me da una extraña sensación de control. O al menos al inicio.

¿Son nuestras series, las narrativas que consumimos, nuestras novelas e intereses "científicos" producto y reproducción de nuestra opresión? ¿Es una forma de buscar entender, darle un sentido a esta violencia que de primera instancia parece sin sentido? ¿Es la reproducción de los miedos que nos acompañan frente a la brutalidad masculina? ¿Es otra forma de autoaleccionarnos para mantener la cabeza agachada? ¿Es sólo un grito de ayuda, la compulsión a la repetición de un trauma complejo? ¿O sólo una "moda", nuestra "morbosa curiosidad"? ¿O es todo a la vez?

¡Oh, mujer!, ¿qué has hecho de mí?

A las nueve de la mañana del 9 de septiembre de 1942, Gregorio Cárdenas escribió su primera declaración formal, él mismo, a máquina. Los agentes del servicio secreto le dieron esa prerrogativa. Su defensor de oficio, el licenciado Casasús, lo promovió. Nadie, ni las familias de las víctimas ni los testigos, tendría ese privilegio.

Se sentó quizá en el lugar destinado a la taquimecanógrafa (estos oficios solían ser femeninos); una silla frente al escritorio de madera sólida, una máquina Olivetti en las oficinas de la sexta delegación. Se ajustó los gruesos lentes redondos y se desabrochó el último botón de su camisa a cuadros. Su pelo, impecable, engominado perfectamente hacia atrás, dejando al descubierto sus anchas entradas.[46] ¿Cuántas personas permanecieron en la misma habitación mientras él mecanografiaba su versión? Al menos los fotógrafos de los diarios, los policías, los abogados. Gregorio no sólo hablaría de los crímenes.

Inició su confesión con sus pasatiempos y aficiones literarias.

Solía asistir al cine, pero sólo a ver obras profundas y refinadas, y en los últimos tiempos gustaba de leer a fray Teresa de Mier, a sor Juana Inés de la Cruz, fray Luis de León y otras obras filosóficas. No se crean ustedes que están ante cualquiera. Gregorio es un hombre de letras, un pensador, un filósofo. Ya han escrito en los diarios que se trata de un brillante estudiante de química. Ya ha declarado su amigo Jorge Roldán Roldán, *el Calavera*, un muchacho de 17 años y compañero desde el bachillerato, que Goyo era el primero de la clase, el más avanzado, hasta vendía sus apuntes a los demás.

Gregorio narró los generales de su vida. Nació en 1915, en Córdoba, Veracruz. Ese pueblo fundado por criollos para "cazar" a cimarrones evadidos, esa fortaleza que defendía el México blanco de la negritud veracruzana, ese núcleo de ingenios azucareros donde los más pobres se partían bajo el sol hasta la extinción. Venía de una familia mestiza, de recursos modestos. Él fue uno de 11 hijos del matrimonio de sus padres. El padre se fue y la madre se hizo cargo de todos, como ocurre tan a menudo en México (esto no lo escribe, pero todos lo saben). Ahí, en Córdoba, se graduó del segundo año de secundaria y estudió taquimecanografía parlamentaria para defenderse en la vida. Luego buscó al padre y vivió un tiempo en la finca de éste, en Omealca, Veracruz, bajo las órdenes del progenitor. Por algo se fue, pero eso no está escrito. Sólo refirió que se mudó a Tierra Blanca, Veracruz, cerca de otro hermano. Luego a Matías Romero, Oaxaca, con otro más. Como tantos mexicanos buscando hacerse una vida, un camino. Fue contratado por una compañía de ferrocarriles como taquígrafo. Era el muchacho que enviaba cables, que transcribía informaciones y mensajes. Luego, ahí, en Matías Romero, entró a la empresa petrolera El Águila, que con la expropiación de 1938 pasaría a formar parte de Petróleos Mexicanos.

Éste fue el giro de tuerca que lo puso en ascenso en la escala social.

El milagro mexicano.[47]

Su milagro.

Sabía relacionarse con las personas correctas. Participó en la organización del sindicato en la nueva paraestatal. Esto le permitió obtener por parte de Pemex una prestigiosa beca para estudiar la carrera de Ingeniería Química, aunque primero debía terminar la preparatoria. Fue así como este hijo de humilde familia veracruzana ingresó al bachillerato en Ciencias Químicas en la Universidad Nacional.

En una tarde del mes de noviembre del 36 o el 37, ingresó por primera vez al Colegio de San Ildefonso. Esas tardes soleadas y de aire ríspido. Al cruzar el umbral, sintió el frescor de sus patios, tan particular tras los gruesos muros de piedra; apreció la belleza de la arquitectura colonial. Desde las paredes, los murales de Rivera, de Orozco se cernían sobre él; retazos pictóricos de la historia mexicana. Ahí de seguro vio a la Malinche, morena y desnuda, los ojos entrecerrados, la mirada baja, uno de sus pezones, oscurísimo punto erecto, protagonista del mural. Ella está sentada junto a Cortés, el conquistador, de piel blanca grisácea; casi pareciera el color de una armadura medieval. Las manos de él controlan las de ella. La domina. Sus ojos están abiertos. Él sí mira hacia un punto al frente. A los pies de la pareja hay un cuerpo vencido. ¿Algún hijo de ella, de ambos?

¿Con quién se identificó al ver los murales de Orozco y Rivera, agresivas críticas sociales? ¿Qué sentía al ver el de los aristócratas, caricaturas de seres envilecidos, pero pudientes, mientras la madre pordiosera levanta su mano, amamantando a un bebé esquelético? ¿A quién se parecía su propia madre?

Petróleos Mexicanos necesitaba ingenieros que extrajeran la riqueza del crudo mexicano. No era un estudiante joven. Era al menos 10 años más grande que sus compañeros. Era obvio que Goyo era advenedizo socialmente.

Pero era capaz, y muy acomedido. Sabía hacerse necesario.

Garbanzo de a libra.

Una historia de éxito con base en el esfuerzo personal. Una de las poquísimas historias de éxito. Esas que tanto nos gustan y de las que tanto nos hablan: un Oliver Twist, un Abraham Lincoln y, en nuestra patria, un Benito Juárez, el huérfano indígena que llega a presidente.

Sí. Hubo un mal matrimonio.

A Sabina, la que sería su esposa, la conoció cuatro o cinco años antes de los crímenes de Mar del Norte. ¿El 37, 38? Él tendría ya unos 23 años, era alumno del segundo año de preparatoria de la Universidad Nacional, en el bachillerato en Ciencias Químicas. Sabina tenía 16 o 17 años. En ese entonces él frecuentaba salones de baile tipo cabaret, como el Astoria, en la calle de Nuevo León. Y ahí la vio, entre el vodevil, el burlesque, un lugar prohibido para las señoritas de buena familia. Entablaron relaciones de amistad y unos meses después intimaron. El problema fue, escribió Goyo, que Sabina "resultó señorita".[48]

No se lo esperaba. ¿Acaso las señoritas van a los cabarés, al Astoria, al vodevil? No, él no se quería casar con ella. Nunca tuvo planes a futuro con ella. Era una aventura. Pero cuando se enteró, la madre de Sabina lo denunció por el delito de estupro: sostener relaciones sexuales con una menor de edad. Así que para librar la cárcel Goyo se tuvo que casar. Contrajeron matrimonio en Texcoco, a petición de él, sin fiesta ni celebración. Nunca hicieron vida común. Nunca vivieron bajo el mismo techo. Solo unos días después de firmar en el registro civil. ¿Por qué? Ésos son motivos "privados" que se reserva, dice. No tiene nada que ver con lo que nos trae aquí, enfatiza. No. Tampoco la llevó al cine ni a cenar. Vaya, ni una vuelta a la Alameda.

¿Acaso no estaba escalando socialmente? Ha participado en la creación de un sindicato, y no cualquiera, sino el de la flamante paraestatal Petróleos Mexicanos. El futuro industrial de México. Y él destaca. Han pensado en él para este futuro. Ha obtenido esa prestigiosa beca para ser ingeniero químico.

Va a ser profesionista. Tiene una vida por delante. Sabina, una vulgar jovencita que se escapaba a la vida nocturna, no podía ser su esposa.

Para deshacerse de ella, declaró, tramitó a escondidas el divorcio. Viajó a Texcoco y un abogado que entendió el predicamento del joven lo ayudó. Ya con el divorcio firmado, visitó a Sabina y le hizo saber la nuevas. Ésta, sorprendida, sólo pudo ir al registro civil a constatar el hecho.

Fue así que en marzo de 1940 por fin quedó libre.

Para esas fechas, Goyo ya pretendía a Graciela.

Ésa sí muy fina, de muy buena familia, hija de un connotado e importante penalista. Una jovencita que todos se apresuran a describir como de piel blanca y rasgos delicados, europeos, pues. No es el tipo de muchacha que te encuentras en la vida nocturna de la ciudad, no es Sabina, de quien no esperaba que fuera virgen.

De Graciela sí esperaba que fuera señorita.

* * *

Los agentes llamaron a Sabina a declarar. Pero Miguel Gil, cronista de *La Prensa*, ya la había zopiloteado desde un día antes. Todo lo contó en su nota: el éxito de sus habilidades de reportero a punta de preguntas entre vecinos de la colonia Portales y huyendo de sus rivales de otros diarios, dio primero, antes que nadie, con la madre de Sabina, a quien envolvió con persuasiones. La madre defendía a la hija. No era mala niña, sólo en esa época le dio por salir a los cabarés, pero luego quiso ser buena esposa... al final la convenció de mandar por la hija. Ésta, víctima de la emboscada, hizo mil confidencias.

El diario de la nota roja llevaría la primicia en portada: "También ella iba a ser sacrificada".[49]

Pero al día siguiente, cuando llegó Sabina a su declaración oficial, el mismo reportero de *La Prensa*, aquel que llevaba la primicia de la entrevista previa, cambió el tono de su siguiente nota. Ahora se mofaba de que tanto la joven como su madre se habían arreglado "demasiado" para ir al Ministerio Público.

"Casi no se las conoce", escribió Gil, burlándose. Iban muy "emperifolladas". Mucha pegatina en el pelo.

Y en primera plana la fotografía en *close up* de Sabina: el cabello peinado con bucles profusos y elaborados, los aretes gruesos que parecen de filigrana, las uñas cortas pintadas de oscuro. Para algunos escritores y periodistas, su arreglo personal era prueba de que se trataba de una joven frívola o ligera, como ya la acusaba Goyo.

La prensa como siempre cubrió los huecos que tenía el expediente judicial, un poco con entrevistas e investigación periodística, y otro poco más con imaginación.

* * *

Sabina entonces tenía 21 años y era ama de casa. Ella debió sentarse en una silla frente a los agentes del Servicio Secreto y declarar, mientras alguna secretaria transcribía su dicho.

A Goyo lo conoció en 1937, en el Astoria, un salón de baile al que fue con sus amigas de la Academia Vázquez.[50] Sólo salió en aquella ocasión —excusó— presionada por las amigas. No salía a menudo, cómo el recriminaba, insistió. Sabina entonces tenía 16 años; Goyo, unos 22. Él se acercó atento y galante. Poco después comenzaron a salir y se hicieron novios. Goyo habló de romance, de futuro, de pruebas de amor. Conforme pasaron los meses él insistió en avanzar. Tras dos años de presiones, en 1939, ella accedió.

Tras dos años de presiones.

Sabina "salió señorita".

Y pronto quedó embarazada. Quizá era el momento de dar el siguiente paso, formar una familia. Finalmente habían hablado de amor, ¿no? Mas Goyo respondió: "No quiero tener hijos. Debes ver la forma de abortar".

"[Pero] yo no aceptaba tales insinuaciones, por el contrario, daba lo que más podía", explicaba Sabina en su declaración.

¿Qué daba? ¿Amor, paciencia, sumisión?

Fue la madre de Sabina quien se percató. Pasaban los meses y veía el vientre de su hija crecer. La confrontó y, al saber que el padre no respondería, la madre lo demandó legalmente por estupro. En aquel entonces no podías andar dejando embarazadas a menores de edad, aunque siempre había una salida: casarte con ellas. Los agentes llevaron al estudiante a la comisaría. A punto de ser encarcelado, Goyo accedió a casarse, pero pidió que fuera en Texcoco y no en la Ciudad de México.

¿Por qué? Quizá tenía algún contacto en el Estado de México, uno que luego le ayudaría a deshacer el entuerto, o quizá para no dejar rastro en el registro civil de la ciudad. Así, si alguien lo investigaba, no encontraría nada ahí.

Así, Goyo firmó forzado el acta nupcial el 25 de octubre de 1939 en Texcoco, un pueblo campesino a una hora de la capital. Sabina tenía unos seis meses de embarazo.

Tras la boda civil, Gregorio la llevó a comer a un restaurante ahí mismo en Texcoco. Ella pidió una torta de pescado, a la que, cree, le pusieron alguna sustancia, ya que después de comer enfermó gravemente.

Él la llevó a un departamentito en la Ciudad de México, a donde llegó muy enferma, y ahí pasó el tránsito de aquel envenenamiento o síndrome que la hizo abortar con seis meses de embarazo.

Casi pierde la vida.

Casi la mata.

Tras un par de días de convalecencia, una vez que Sabina podía al menos levantarse de la cama, Goyo se apresuró a devolverla a casa de la madre, desmontó el departamentito y él se fue.

No, nunca supo dónde vivía él o su familia.

Sabina nunca conoció a su suegra o suegro. Es como si él hubiera salido de las piedras. Ni madre, padre o hermanos.

Tras el aborto y casi morir, Sabina intentó que funcionara el matrimonio. Dejó de salir con amigas, quiso ser buena esposa y ama de casa. Lo esperaba, sumisa, con su madre. De vez en cuando Goyo se aparecía por su casa, le entregaba dinero, 20 pesos aquí, 10 pesos allá, cantidades mínimas con las que no habría podido mantenerse. Tampoco la invitaba a un restaurante o al cine, ni a pasear por Chapultepec. En cambio, cuando él tenía ganas, la buscaba y se la llevaba a lo que parecían casas de citas. Uno de estos establecimientos se encontraba en la calle del Zarco y otro frente al mercado de San Juan. Eran lugares clandestinos, fuera de la ley. Él pagaba un cuarto. No le pondría una casa, ni la llevaría al cine, sino a burdeles. No tendrían hijos como ella quería. Sólo un intercambio sexual violento en prostíbulos.

En esas ocasiones, declaró Sabina, "él tenía manifestaciones de excitación intensa, estrujándola y tratándola con violencia y hasta con crueldad".

Por aquellos encuentros ella quedó con lesiones en la espalda y la cintura permanentes. Había pasado dos años y ella seguía sufriendo secuelas físicas de aquellos tiempos. Y confirmó su madre:[51] Gregorio le regresaba a su hija muy lastimada.

Una vez, en cambio, ella lo vio por casualidad. Él iba acompañado de otra dama saliendo del cine Rialto, por Pino Suárez. Sabina le calculó a la joven unos 24 años. Era de tez blanca, pelo chino, dijo en su declaración.

Sabina se les acercó lo suficiente para que él la viera y, cuando él la miró, ella se alejó caminando, herida. Él la alcanzó.

"Perdóname", le dijo el marido, "por favor, no le digas nada a mi amiga".

Porque sólo era una amiga, ¿eh?

Sabina no dijo nada y siguió viviendo en casa de su madre. Esperándolo, que quizá recapacitara. Intentando que él la perdonara. Pero ¿de qué? ¿De embarazarse?

Y cuando a Goyo le apetecía, iba por ella.

Así pasó el tiempo hasta que un día Goyo fue a decirle que ya no estaban casados. Él había tramitado el divorcio.

¿Pero dónde o cómo?

"No te puedo decir. Pero ya no somos esposos. Si quieres confírmalo tú misma en el registro civil de Texcoco" (donde a instancias de él se casaron).

Ella así lo hizo, viajó a Texcoco y supo que, en efecto, ya estaban divorciados.

No. No es verdad que él le hubiera comprado una casa en Coyoacán, oficial. Si ni sabía dónde vivía él. No. No le dejó nada con qué mantenerse. Y no lo volvió a ver… bueno, sólo en una ocasión, unos dos meses antes del escándalo de los cadáveres, lo vio por casualidad sobre calzada de Tlalpan. Iba con otra mujer, una que aparentaba unos 23 o 24 años, blanca de piel, pelo ondulado. Los vio de lejos, ni se acercó…

A pesar de todo, del sándwich de pescado, del aborto, a pesar de la violencia del sexo en las casas de citas, concluyó Sabina, le guardaba cariño.

Por lo vivido.

El verdadero amor

Según Goyo, pasó un año para que Graciela aceptara ser su novia en 1941. Durante ese tiempo la rondaba, le hablaba de química, se ayudaban mutuamente a resolver asuntos académicos. Había algo de verdad en esta declaración. Los reporteros, que gozaron de manga ancha para esculcar en la escena del crimen, publicaron extractos de algunas notas que encontraron en casa del joven. Escritos y notas al vuelo en sus cuadernos. En uno de éstos, él advertía que algunos compañeros de la preparatoria veían con atención la amistad entre él y Graciela, y el propio Goyo reconocía que ella era mucha pieza para él. Ella era de buena familia, bien educada. ¿Él quién era? Un pobre con suerte que terminaba el bachillerato y entraba a los estudios superiores a los 26 años, casi 10 años después que sus compañeros.

Y lo hacía gracias a la beca de Pemex.

Hijo del milagro mexicano.

Una oportunidad en un millón para gente como él.

El sindicato, los estudios, el Ford 1939 que nadie sabe cómo adquirió.

¿Y ahora la chica?

¡Y no cualquier chica!

En 1941 Gregorio ingresó por fin a la Facultad de Ciencias Químicas, en el edificio colonial sobre la calzada México-Tacuba y Mar del Norte (por su cercanía es que rentó en el número 20). Ella continuó en el bachillerato, en San Ildefonso, pero cada noche Goyo pasaba por ella, la llevaba en su Ford y la dejaba frente a casa de sus padres. Bueno, no exactamente enfrente, más bien un par de casas antes para que el papá de Graciela no los viera. En noviembre de aquel año, 1941, en Día de Muertos, ella le dijo que quería ir a la ciudad de Puebla, a un par de horas de distancia en carretera. Goyo siempre le cumplía sus caprichos, así que salieron absurdamente a las cinco de la tarde de la Ciudad de México, pésima hora para un viaje tan largo. Estuvieron en Puebla solo un rato. Y, además, a la vuelta, el auto se le desvieló, debido a lo cual quedaron varados en una gasolinera de carretera. El periplo mecánico les valió llegar a casa de Graciela hasta las tres de la mañana. El padre estaba furibundo, narraría Goyo. Él se apresuró a disculpar a la joven, a resguardar su honor y explicó los hechos. Pero el padre la castigó y por meses no le dio dinero a su hija ni para lo básico. En suma, el abogado penalista se desentendió de ella, declaró Goyo: ni para su ropa y vestido, y mucho menos para los costos de la escuela. Fue Goyo quien la mantuvo económicamente desde noviembre de 1941 hasta mayo de 1942, cuando el padre decidió levantar el "castigo". Así pasó un año de la relación entre Goyo y Graciela.

La prensa recabó otros testimonios. Por ejemplo, entrevistó a algunos compañeros de clases de Graciela, quienes aseguraron que ella era muy seria, muy tranquila y que había expresado que Goyo le causaba "repulsión". En cambio, dijeron los compañeros de la muchacha, quienes por supuesto estaban indignados por el asesinato de su amiga, éste actuaba muy sumiso con ella. Aunque esta sumisión frente a los que consideraba superiores era un rasgo de él. Ya habían reportado los agentes que, en la facultad, sus compañeros no querían mucho a Goyo por "barbero" con los maestros.

El crimen de amor

En su primera declaración formal, la que le permitieron teclear personalmente a máquina, Goyo escribió que el 2 de septiembre de 1942, por la mañana, acompañó a Graciela a buscar casas en renta porque la familia de ella necesitaba mudarse. Tras la búsqueda, al mediodía la regresó. Como siempre, se estacionó unos metros antes. Fue entonces, dijo Goyo, que observó cómo, mientras Graciela caminaba, un hombre se le emparejó, la tomó del brazo y juntos entraron a la casa de ella.

Sintió celos, escribió. ¿Acaso no pagaba sus gastos y la traía y llevaba en su auto? Molesto, se fue a preparar algunos experimentos químicos a Mar del Norte, dijo. Luego, al caer la tarde, fue a visitar a Hermila, otra amiga, vecina de su propia madre, en la calle de Violetas. Llevó a la amiga y a la madre de ésta a una reunión del Sindicato de Ferrocarrileros.

Hermila López sería llamada a declarar después. La adolescente de 16 años, cara redonda, ojos rasgados y cabello claro llegó escoltada por su mamá. Tenía la misma edad que Sabina cuando inició su relación con Goyo. Hermila explicó haber conocido a Goyo en casa de la madre de aquél, ya que era su vecina. Fueron novios por espacio de dos meses. Novios formales. Siempre se había portado como un caballero con ella.

La Prensa publicó la fotografía de Hermila; la describiría como "chiquilla de no mal palmito" y agregó que apenas iniciaba el idilio, por lo que se salvó de ser "sacrificada".

Pero volviendo a la confesión de Goyo…

Después de dejar a Hermila y su mamá, como cada noche, Goyo manejó a la preparatoria para recoger a Graciela. Seguro caía un aguacero como los de las tardes de septiembre. Calles y banquetas anegadas. Ella corrió al auto. El corto pelo mojado, las medias de seda también, sus zapatos guinda. Cuando arrancó el auto, él le ofreció invitarle unos sándwiches en el Trocadero, un local sobre Mariano Escobedo, una calle exclusiva y arbolada donde solía pasear la crema y nata de la ciudad. Ella dijo que sí. Fueron, comieron[52] y luego se subieron de nuevo al Ford, y, aseguró, la llevó a su casa, deteniéndose siempre unos metros antes o después para que el padre no los viera. Sólo entonces le reclamó por el joven con quien la vio por la mañana. ¿Quién era?, le preguntó.

Ella, altiva, reviró que "si le interesaba tanto, lo investigara", y le propinó una sonora cachetada… Pero no, diría en otra declaración. No fue así. Él trató de besarla y fue entonces que ella lo abofeteó.

Fue un "arranque de locura que lo trastornó por completo", escribió. Arrancó una cuerda que servía como pasamanos en el auto y la estranguló. Graciela alcanzó a gritar, pero no pudo defenderse y luego… quién sabe. Hay una oportuna laguna mental en el momento del asesinato. Una laguna que él referirá le ocurría en cada asesinato, en cada acceso de violencia.

Cuando Goyo recuperó la conciencia, miró a Graciela, inmóvil. La agitó por los hombros para que volviera en sí, pero se dio cuenta, con sorpresa, de que estaba muerta. Sin saber lo que hacía echó a andar el carro. No tomó el camino usual. El trayecto desde la casa de Graciela al estudio de Mar del Norte en realidad era corto, apenas un par de calles del barrio de Tacuba. Pero aquella noche Goyo manejó por calles y callejones diferentes a los que acostumbraba, postergando el momento de detenerse.

Finalmente llegó a casa. A diferencia de otras noches, metió el auto en el estrecho callejón de Mar del Norte, donde apenas cabía entre los muros. Nunca lo metía ahí justo por eso y en cambio lo dejaba en la calle principal. Jugó en su contra no solo la estrechez, tampoco estaba pavimentado. Y frente a la puerta de su estudio el auto se atascó en el lodo. ¿Cómo la bajaría ahora?

En eso vio que alguien se acercaba. Él temió que viera a Graciela en ese estado, así que salió del auto y lo encaró.

—Hola, vecino.

—Hola, Goyo. Parece que se atascó. ¿Necesita que le ayude a empujar? —preguntó el vecino, extrañado de ver el auto metido en el callejón.[53]

—No se atascó. Se me murió la batería. Pero ya llamé a la AMA [el antiguo servicio de grúas de la Ciudad de México]. Ahorita llegan. Mientras, no hay nada que hacer.

Cuando el curioso se fue, Goyo abrió la portezuela del auto, envolvió a Graciela con su abrigo y la cargó. Pero estaba muy pesada, dijo, por lo que se le resbaló y cayó en el lodo. Fue ahí que Graciela recibió la mortal contusión, alegó, esa que la autopsia determinaría como causa de muerte.

Cubierta de lodo, arrastró a Graciela hasta el interior. Una vez dentro, la desnudó por completo y la acostó en la cama. Una parte de él, aseguró, sabía que ya estaba muerta, pero otra parte se negaba a aceptarlo, así que le aplicó oxígeno en la nariz, le movió los brazos. Pero nada funcionó. Estaba muerta. Pasó la noche velándola y admirándola. Desnuda ella. Dándole castos besos en la frente.

No, no la ultrajó. No la "hizo su amante". Insiste, por el respeto a su familia, al señor padre de Graciela, que el cariño que por ella sentía siempre fue puro y casto.

María

Las otras, en cambio, no significaban nada. Eso fue otra cosa. Eran mujeres públicas. Mujeres del arroyo. Mujeres de todos y de nadie, declaró.

Todo empezó una noche de agosto, probablemente de la segunda quincena, no recuerda bien. Iba en su auto sobre Tacubaya y sintió un fuerte deseo sexual, así que dirigió el auto para buscar a alguna. Enfiló a Paseo de la Reforma y, a la altura del restaurante Chapultepec, vio a quien ahora sabe que tuvo en vida el nombre de María de los Ángeles, una joven de cabello quebrado, sonrisa cálida, "medio güerita".[54]

Frenó el auto.

La joven se acercó y aceptó irse con él. Pero éste pidió que fueran a su casa y no a un hotel, porque éstos no le gustaban.[55] Le ofreció dos o tres pesos más por este servicio.

Ella accedió, entró al auto y se dirigieron a Mar del Norte.

Una vez ahí, entraron al laboratorio, que era el cuarto más abrigado. El más adecuado para desnudarse. Pero ella no se desvistió. Se sacó el calzado, se acostó sobre un catre y alzó la falda. No llevaba pantaletas, escribió Goyo. Un encuentro rápido y apresurado. Cuando él terminó, ella se calzó de nuevo y se puso a curiosear por las habitaciones, en particular donde se encontraba la biblioteca. Mientras miraba los estantes con libros, ella le preguntaba sobre sus estudios. Él terminaba de vestirse. Estaba agachado atando los lazos de su calzado cuando lo invadió la furia. Se puso de pie y se acercó a ella por atrás. La tiró al suelo y agarró un cordón que "quién sabe de dónde" salió, mientras le subía la rodilla en la espalda. "Murió instantáneamente".

Luego salió al patio a calmarse. Dio vueltas como animal enjaulado. Concluyó enterrarla en el jardín, "como el gato que se ensucia y después cubre con tierra su porquería". Fue con el vecino para pedirle una pala que le había prestado;[56] el señor se la devolvió sin imaginarse nada. Goyo le tapó la cabeza a la mujer que no conocía. Primero un trapo y encima el impermeable que ella cargaba para protegerse de la lluvia de agosto. Goyo esperó a la madrugada y entonces cavó un hoyo en el lindo jardín que la dueña del inmueble había cultivado. Y la enterró. Encima sobrepuso malamente algunas plantas, en la tierra removida y maltratada. Luego se fue de Mar del Norte y durmió en casa de su madre, donde pasó varias noches. También visitó muchas iglesias.

Nunca, dijo, supo el nombre de aquella mujer pública.

* * *

El 8 de septiembre, Teresa Hernández se presentó en las instalaciones de la Cruz Verde (lo que hoy es la esquina de Victoria y Revillagigedo). Cruzó los arcos coloniales que resguardaban el anfiteatro para los muertos de la ciudad.

Dijo ser mesera en el restaurante Chapultepec y amiga de una muchacha de nombre María de los Ángeles González Moreno, de 20 años,[57] quien en la "vida galante" usaba el nombre de Bertha. Mostró una fotografía: una joven delgada, de cabello quebrado u ondulado hasta el hombro. Una sonrisa completa, franca. Nadie la había vuelto a ver desde el pasado 19 de agosto. Sus amigas estaban preocupadas por ella, aunque, explicó Teresa, Bertha le había dicho que se iría de viaje. Ella tenía un enamorado, un estudiante muy inteligente, quien le prometió llevarla de paseo a Guadalajara. Ella, Teresa, lo conocía de vista porque su amiga y el joven tenían ya tiempo relacionándose y él la buscaba sobre Reforma, donde se hallaba el restaurante. Sí, Bertha supuestamente iría a un viaje, aunque algo no estaba bien. Se fue sin despedirse y no se comunicaba. Y por eso, cuando el 8 de septiembre Teresa se enteró de los cadáveres en Tacuba por los diarios, por los voceros en las calles, por el boca en boca de amigos y conocidos, quiso saber si el destino de su amiga había sido con aquel desgraciado.

Así que fue y miró el cuerpo. Estaba muy descompuesto. Un mes bajo tierra durante la temporada de lluvias. Pero la reconoció. Su ropa, su vestido, su cabello, el impermeable con el que le taparon la cara. La mujer cuya tumba estaba más alejada, la primera, aquella a la que Goyo le envolvió la cabeza. A la única que enterró boca arriba, con las rodillas flexionadas, mostrando el sexo, sin pantaletas. Con un golpe en un costado de la cabeza que los empleados del servicio forense calificaron de mortal, y a la que —y esto probablemente no lo supo la amiga— Goyo le insertó dos pañuelos en la vagina.

Saliendo del anfiteatro, Teresa se limpió las lágrimas y mandó llamar a los familiares y a un antiguo novio de María de los Ángeles, para que alguien con más autoridad que ella identificara el cuerpo. Luego se dirigió a las oficinas del Servicio Secreto.

Su declaración señala: "Ella, Teresa, es mesera en el restaurante Chapultepec y amiga de quien se llamaba María de los Ángeles, pero que en la vida galante se hacía llamar Bertha. Ya había mandado llamar a los familiares de la difunta, quienes vivían en Santa Julia, para que pudieran identificarla".

El agente le preguntó si conocía a Gregorio Cárdenas.

"Sí, su señoría. Sí lo conozco. Esto porque muchas veces yo visitaba a mi amiga sobre Paseo de la Reforma —donde ella solía pararse— y el estudiante iba a buscarla. Además, la propia María me platicó que el estudiante la andaba enamorando".

Aquel día, saliendo de las oficinas del Servicio Secreto, Teresa habló también con la prensa. Les dijo lo mismo: que Bertha conocía a Gregorio, que éste le había dicho que la quería y que se preparara para un viaje, porque la llevaría a conocer Guadalajara.

Que sería un viaje largo.

La prensa se enfocó en que un novio de María de los Ángeles —o Bertha, su nombre de la vida galante— quiso rescatarla "del arroyo".

Raquel

El 22 de agosto, dijo Goyo, pasó toda la tarde estudiando en casa de su madre. Estaba cansado y tenso a la vez de tantas horas de estudio. Salió de la casa y subió a su auto a buscar un café de chinos, pero, una vez circulando en su Ford, sintió el aguijón de las ganas. Entonces dio la vuelta y rondó por Aquiles Serdán, Belisario Domínguez, por donde solían pararse muchachas. La que se acercó "era algo morena, algo robusta, con pecas en la cara"; le calculó, dijo, unos 22 o 23 años.

Le preguntó el precio.

—Tres pesos.

—Te doy tres más si vamos a mi casa. Es que los hoteles no me gustan.

Ella aceptó y subió al auto. Goyo arrancó el auto sobre Belisario Domínguez, dio vuelta en Allende, ahí en el mero centro de la ciudad; luego giró en República de Cuba, en dirección a su casa en Tacuba.

Fue similar a la vez anterior, un encuentro rápido, y cuando Goyo terminó la muchacha se metió al baño a lavarse. Fue "cuando volvió a renacer en el declarante el mismo odio y estado anormal expuesto en el primer caso" y "con lo primero que encontró —le parece que fue una toalla que estaba en el tocador o algún cordón— intentó estrangularla".

"Así no, señor", alcanzó a decir la muchacha.

En vez de detenerse, él hizo presión hasta que ella, sin oxígeno, cayó al suelo y se golpeó la frente en el inodoro.[58]

Tras verla muerta, el agobio regresó. Así que salió a dar una vuelta y reflexionó sobre "su mal proceder".

Un par de horas después volvió al estudio. Cavó otro hoyo. Enterró el cuerpo como gato que entierra su porquería, y luego se fue a casa de su madre, a comer, a dormir, a buscar "un reconfortamiento espiritual en los brazos de Dios".

Mientras, los titulares afirmaban: "Sobre las tumbas recién abiertas sembró flores en un acto de recordar".[59]

Eva Martínez de León se presentó en el anfiteatro y reconoció a su hermana menor. O, mejor dicho, reconoció su saquito a cuadros, sus zapatos color guinda (como los de Graciela), su cabello largo, oscuro y grueso. Salió de ahí arrastrándose.

> [La hermana mayor] fue llevada casi en brazos al despacho de Treviño Garza, jefe del Servicio Secreto. Iba arrastrando los pies y llorando. A veces los agentes del Servicio Secreto necesitaban de todo su esfuerzo para que no cayera... Al fin la dejaron sobre un sillón del despacho y cayó aplastada por su sufrimiento, cual si fuese una anciana en vez de una mujer joven.[60]

La víctima era Raquel Martínez de León, una jovencita de 14 años. Su hermanita había huido de casa cuatro meses antes de los hechos, por problemas familiares. Otras versiones advirtieron que un hombre adulto la había convencido de huir de casa y dedicarse a la prostitución, de cambiar el hogar violento por la calle de Aquiles Serdán. Pero sobre proporcionar alguna información que diera luz, la hermana no sabía mucho más. Sólo que en una ocasión, antes de esta tragedia, la vio por la calle en compañía de un hombre. Es, al fin y al cabo, una ciudad pequeña todavía. Es común encontrarse a gente conocida por las calles. Pero en cuanto vio a su hermana, Raquel se echó a correr. Es todo lo que sabe.

Mostró una fotografía: una muchacha delgada, morena, las pecas en la cara no logran distinguirse. Sus rasgos son todavía los de una niña. Lleva un vestido fresco, parece un clima tropical, su pelo es negro y abundante, dos cascadas oscuras a los lados de su rostro serio.

Esa misma fotografía fue mostrada a Goyo. ¿Es ella? Tenía 14 años, se le cuestiona.

Él dice que la identifica, pero que de seguro ésta es una fotografía antigua, ya que Raquel se veía "muy diferente". Más grande, más robusta. Más vieja.

Pero no. Tenía 14 años.

Rosa

La tercera fue una mujer a la que subió una noche después de ir a dejar a Graciela a su casa. Era una mujer muy delgada y pequeña a quien vio cerca de la columna de la Independencia. Hablaron un poco en el coche.

Goyo relataría que la vio de reojo y notó que tenía pequeñas arrugas en la comisura de la boca y los ojos.

—Qué vieja te ves —dijo, o algo muy parecido.

Ella le respondió que tenía 30 años y un hijo al que una hermana le cuidaba.

—¿Vive usted solo? Una vez fui con otro hombre casado a su casa y la esposa llegó; se puso muy feo.

Llegaron a casa de Goyo y lo mismo. Después de terminar, él enloqueció y la asfixió con facilidad. La más fácil de todas, por ser muy delgada y frágil. Como con las otras dos, cavó un hoyo, pero calculó mal y quedó muy pequeño. Él entonces ató a la mujer de pies y manos, con un cinturón de impermeable (¿quizá el de María de los Ángeles?) y un pañuelo. Así atada por atrás, cual balancín, para que cupiera en el hoyo demasiado pequeño.

Era muy vieja, dijo.

A esta mujer la identificaron mal en un inicio. Llegó una mujer buscando a su hermana, Consuelo, y creyó que se trataba de ella, pero no estaba segura. La prensa entonces aseveró: "Luz, acompañada del señor Juan, identificó también a su hermana Consuelo de escasos 16 abriles; lanzada hace poco al arroyo despertó también los infernales instintos de Gregorio y la sacrificó inmisericordemente como las otras".[61] Pero no se trataba de Consuelo. Horas más tarde, se apersonó Miguel Díaz Vallejo, un campesino, un hombre "del arroyo" también, un invisible, alguien que no contaba con dinero o recursos, que aun así buscaba hacer vida con una mujer. No tuvo dudas. Vio su ropa, sus restos. Era Rosa, su prometida. Sí. Se habían prometido formar una familia. Rosa tenía en realidad 17 años,[62] de nariz achatada, cabello chino, mirada suave y pómulos salientes que parecen atravesar la piel delgada pegada al hueso.

En tamaño era la más pequeña.

La más delgada y físicamente la más frágil de todas.

La invención de la historia

"¿Quieres el expediente de la policía secreta?", pregunta con voz alegre E., amigo personal, y quien durante años fue editor del diario con la más roja de las notas rojas.

Es una pregunta retórica, ya sabe que lo quiero. Claro que quiero el expediente.

He andado buscando información del caso entre reporteros amigos y conocidos. Este gremio, el policiaco en especial, se compone de individuos coleccionistas de archivos, guardan periódicos viejos, libros, fanzines, recortes de revistas. Los más importantes los han digitalizado. No son improvisados.

Unos segundos después ahí está en mi correo: las declaraciones de Goyo Cárdenas. Las declaraciones del padre de Graciela. Las de los agentes. Pero quien digitalizó el expediente excluyó la declaración de Sabina, la de Hermila y la de los allegados de María, Raquel y Rosa.

Hablo con otro colega más. El mejor conservando expedientes de homicidas famosos, en particular de los que llaman "seriales". Y también guarda una copia del famoso expediente del Servicio Secreto, uno de esos tesoros que forman parte de los gabinetes de curiosidades de mis colegas, y ahora también del mío.

"¿Quieres el expediente? Te lo mando...".

Y ahí está. El mismo documento. Las declaraciones de él, las del padre de Graciela, las de algunos agentes... Caigo en cuenta de que probablemente este archivo digital es el mismo, uno que ha pasado de mano en mano o, mejor dicho, de email en email, de *drive* en *drive*, y del que han bebido muchos reporteros mexicanos antes que yo. Cuántos antes que yo no han escrito su particular narración del famoso asesino serial mexicano. Un expediente que de entrada ha sido mutilado.

Para conocer el original hay que ir al Archivo Histórico de la Ciudad de México, en la calle República de Chile. Se encuentra en un edificio colonial del siglo XVIII, el siglo de la plata. Un patio interno fresco y silencioso, como el del bachillerato al que Graciela asistía, apenas separado del bullicio del centro por un policía y un portón. Este lugar tiene documentos que datan de 1524, pero suelen versar sobre cosas más mundanas: el alcantarillado, bandos de gobierno, reglamentos de la ciudad. Tiene, sin embargo, un par de rarezas: una de ellas es el expediente de Goyo Cárdenas de la Policía Secreta. Está aquí porque dicha policía dependía directamente del gobierno de la Ciudad.

"Está muy deteriorado, señorita,[63] pero le podemos facilitar una copia fotostática".

Los archivistas entregan un grueso engargolado muy estropeado también. Si así está la copia, cómo estará el original. Fotocopias borrosas en hojas fuera de las argollas, en desorden. Como en cualquier expediente judicial mexicano hay mucha reiteración: una y otra vez las transcripciones de las mismas declaraciones. ¿Por qué pasa eso? ¿Por qué anexan una y otra vez los mismos escritos? Pero es el expediente. No hay copia de las autopsias, pero sí algunas fotografías de los cadáveres. Caray, nadie lo consignó, pero el cuerpo de María de los Ángeles estaba amarrado de los tobillos… Y…

Ahí están las palabras de Sabina y Hermila. Las de la hermana de Raquel, la niña que huyó, las del prometido de Rosa. También las de Teresa, señalando a Goyo como un enamorado frecuente de María de los Ángeles al que vio personalmente varias veces con ella. Pero estos testimonios no causaron honda impronta. En la prensa de los años cuarenta, los reporteros sí entrevistaron a Teresa y consignaron su testimonio. El enfoque fue otro, sin embargo: hablan de un novio de María de los Ángeles que la quiso sacar de la vida galante. Hubo notas y la declaración legal, pero ningún experto o perito ahondó en esa información. Los expertos se concentraron en la imputabilidad de Goyo, y también la prensa se decantó por el análisis al asesino, qué clase de locura lo aquejaba. La voz de Teresa, testigo clave, no fue realmente escuchada.

Así, los testimonios se fueron olvidando, borrados no sólo del expediente digital que los reporteros nos compartimos unos a otros, sino también de la memoria colectiva, en nuestros mitos modernos. Lo que sí quedó grabado en el imaginario nacional fueron las declaraciones de él. Por ejemplo, algunas notas y escritos que en la actualidad resumen el caso aseguran que Goyo tuvo "un mal matrimonio" por ser Sabina de "cascos ligeros".

> En realidad, el origen de sus odios lo ubicaba cuando él tenía 18 años y fue acosado (*sic*) de estupro y obligado a casarse con Sabina Lara González, una chica a la que después calificó de "mujer de conducta frágil y liviana". La boda fue en Texcoco con Sabina embarazada, aunque abortó al día siguiente de la boda. Tres años después Goyo obtuvo el divorcio acusándola de adulterio.[64]

> Aunque no tenía buena relación con las mujeres, a los 24 años contrajo nupcias con Sabina Lara, de la que se divorció muy pronto, debido a que la madre de la joven lo acusó de estupro.[65]

En el libro escrito por el licenciado Salvador Salmerón Solano, abogado que varias décadas después tramitó la liberación de Cárdenas, se menciona que la relación con su esposa era verdaderamente tormentosa por el mal trato que ella le propinaba.[66]

Otro dato que se perdió fue la relación formal de Goyo con Hermila, de 16 años, mientras cortejaba a Graciela. Nada de eso generó una huella profunda; en cambio, prevaleció la versión de él: que amaba a Graciela y que las demás no eran *nada*, sólo muchachas "públicas", muchachas "del arroyo", y que antes de convertirse en asesino sufrió por una "mala mujer", su esposa. Otras notas sugieren que el problema de Goyo había sido su madre, muy "dominante". *La Prensa* en su momento realizó una entrevista con uno de los 10 hermanos de Goyo que la protegían en su casa: "Déjela en paz. Tiene 11 hijos. Si se le muere uno, le quedan 10".

Sandra McNeill, en su ensayo "Woman Killer as Tragic Hero", revisa los reportes de prensa sobre una oleada de feminicidios y suicidios en Estados Unidos de la época: hombres y padres de familia que, tras matar a sus esposas (en una ocasión también a una hijastra), se quitaron la vida. McNeill pone el acento en lo confusas que resultaban las notas. Sobre todo señala la forma en la que son retratados los feminicidas, así como la manera escueta y borrosa en la que las víctimas son bosquejadas en la historia. "Es difícil entender los reportes en los diarios si una está simplemente tratando de destapar los hechos".[67]

Luego concluye: "La única forma de comprender semejantes reportes de los casos es sólo aceptando la asunción de los medios de que estos eventos constituyen una 'tragedia', en la cual el hombre, el asesino, desempeña el papel de héroe trágico".[68]

McNeill reclama que las mujeres tenemos derecho a reportes que podamos comprender y que hablen de nuestra realidad, pero, sostiene, eso no ocurre con la prensa. Las historias y artículos sobre asesinatos de mujeres a manos de sus parejas, de alguna manera, tienden a retratar a los asesinos como una suerte de Otelo, que mata a su mujer en un arranque de celos o sufrimiento insoportable. O un sultán Shahriar, que desposa y mata a una mujer cada día debido a la herida que dejó otra. O cual si se tratara de un sacrificio. Así son descritas las víctimas del Goyo: mujeres sacrificadas.

"En la mente del asesino"

La fotografía panorámica revela la estrella de ocho brazos que es el Palacio Negro de Lecumberri, la cárcel. Durante las fases finales del porfiriato, Lorenzo de la Hidalga lo diseñó con la filosofía del panóptico disciplinar: una torre central desde la que los vigilantes pueden ver todos los pabellones y celdas, a todos los presos.

Omnisciencia desde un solo punto.

En contraparte, los vigilados saben que pueden estar siendo observados en cualquier momento, pero ellos no pueden mirar a sus vigilantes. Una forma de materializar al Gran Hermano contra aquellos que violaban la ley.

Como siempre, en aquella cárcel a quienes más encerraban era a hombres empobrecidos. Delitos por hambre, por miseria, personas sin sentencia, homosexuales. Todos vigilados, examinados como anomalías. Y el más vigilado de todos aquel 1942 fue Gregorio Cárdenas, transferido ahí desde los separos que lo contuvieron durante los primeros días.

Era el 30 de septiembre de 1942.

Goyo estaba acostado en su catre de la celda número 26. Parecía dormir de cara a la pared, envuelto en un sarape. El celador abrió entonces la celda e ingresaron el licenciado Casasús, su abogado defensor, y el médico Juan Peón del Valle. Este último se acercó al asesino y le tocó el hombro:[69] Gregorio Cárdenas volteó a verlos, con una expresión que denotaba confusión y adormilamiento.

—¿No me conoce usted? —preguntó Del Valle.

—No.

El reo entonces dirigió la mirada al licenciado Casasús.

—Buenas tardes, licenciado.

Casasús asintió con la cabeza en señal de saludo.

—¿A ese señor sí lo conoce usted? —preguntó el médico.

—Sí. Fue el licenciado que estuvo aquí en la mañana, con un doctor.

—¿Y a mí no me recuerda? Si ayer estuvimos charlando aquí por una hora entera y usted me aseguró que reconocería mi fisonomía.

—Imposible. Ayer estuve en Cuernavaca.

—¿Con quién estuvo?

—Con Graciela.

El médico no lo contradijo. En cambio, le preguntó:

—¿Qué lugar es éste?

—La cárcel.

—¿Por qué está usted aquí?

—Porque se volcó el coche y aquel señor —señaló al celador— nos trajo aquí.

Habló del choque, de Graciela, quien se lastimó la pierna, dijo. Pero ella está bien, ¿no es así? Preguntó con visible preocupación sobre el estado de su novia, su adorada novia. El médico Del Valle le pregunta entonces:

—¿Qué día es hoy?

—Jueves o viernes.

—Qué día del mes, no de la semana.

—Hoy es 11, 11 de junio.

—¿Y si le dijera que está usted muy equivocado, que estamos en septiembre?

Gregorio entonces casi se echó a reír.

—¿Quiere usted hacerme creer que no recuerda lo que hizo en agosto?

Entre alarmado y divertido Goyo responde:

—Pero si agosto no ha pasado.

—En agosto cometió usted cuatro asesinatos. Lo ha confesado. Enterró a usted a sus víctimas en el jardín de su casa.

—Maté a cuatro personas. Las enterré en el jardín de mi casa. Lo recordaré —dijo Goyo, quien se mostraba confundido, perturbado.

Se recostó de nuevo, dando la espalda a los visitantes. Se tapó con el sarape para evadir las miradas.

—Lo recordaré.

¿Estaba loco? La mayoría pensaba que no. Pero claro que había algo anormal. Los hombres no suelen hacer esto. Surgían entrevistas, análisis. Nadie se ponía de acuerdo. Así que ahora no eran mujeres curiosas y empleaditas las que revoloteaban alrededor de la celda, sino psiquiatras.

El escritor José Revueltas, quien cubrió parte del proceso para el periódico *El Popular*, escribió en octubre de aquel año: "Ya no se discute si Gregorio Cárdenas Hernández es un enfermo. Discútese, tan sólo, si el criminal de Tacuba es un esquizofrénico o si, como lo sostiene el doctor Gonzalo Lafora, es un epiléptico psíquico". Se barajan nombres de "especialistas en neurología tan eminentes como el doctor Salazar Viniegra, el doctor Manuel Guevara Oropeza y el doctor Alfonso Millán".[70]

Desde Cuba, un doctor Chelala lee los informes y concluye que, aunque falta información, hay algunas cosas *obvias*, como que "Gregorio Cárdenas sufre desde su infancia un complejo de Edipo no resuelto con necesidad inconsciente de autopunición".[71]

Claro, siempre hay un complejo de Edipo. ¿No lo decía Freud? Aunque en este diagnóstico no queda claro por qué, si Cárdenas necesitaba autocastigarse, mataba mujeres.

Chelala agrega: "De existir en este sujeto, como es muy probable, un homosexualismo, esta condición contribuiría a aumentar su alto índice de peligrosidad social". Un homosexualismo jamás expresado.[72]

Para diciembre de 1947 los médicos que habían fungido como peritos para el proceso número 1350 del año 1942 no lograban determinar su grado de culpabilidad:[73] ¿era imputable o, por el contrario, era un extraviado, un desgraciado?

Así que llamaron a un experto más, Alfonso Quiroz Cuarón, considerado el padre de la criminología en México. Él, junto con un ejército de médicos, midió todos los lados posibles de Goyo: físico, psicológico, médico.

Así sabemos que Goyo consume antibióticos contra la gonorrea. Mucha gonorrea persistente. También, contra infecciones de la garganta que ha tenido desde su juventud. Medicamentos para el insomnio.

Tenemos asimismo sus medidas físicas, por si su fisionomía delataba algún indicio de anormalidad (como se pensaba en el siglo XIX).

"Se determinó que el sujeto examinado corresponde al braquitipo excedente, de tipo digestivo".

"Arritmia paroxística con crisis de extrasístoles".

Una "exagerada, monstruosa deformación" en el abdomen bajo.

"Marcada desproporción entre las medidas del cráneo y de la cara, siendo mayores las del primero con relación a las de la segunda".

"El diámetro naso-iiano (*sic*) mide 21 centímetros, que excede en un centímetro la cifra normal. El diámetro que une el bregma y la clinoides anterior mide 12 centímetros, encontrándose aumentado en 1.5 centímetros".

"Manos y pies largos y delgados".

"Voz pueril".

"Hipogenitalismo".

"Adiposis difusa".

"Hipopituitarismo".

* * *

Las fotografías en el libro de Quiroz Cuarón muestran a Goyo Cárdenas fotografiado sin ropa, de frente y perfil. La exagerada y monstruosa deformación del vientre abultado parece producto de la postura de un hombre que debe dejarse fotografiar desnudo y, para ello, se para con las nalgas metidas, encorvado. Las mediciones de su rostro y manos, las palabras rimbombantes hablan de un hombre narizón, con quijada retrognatia y piernas cortas en proporción al tronco. No es anómalo, sólo feo, de lentes con fondo de botella y calvicie incipiente.

También, claro, hay pruebas de inteligencia y se determina que la suya no es extraordinaria, sólo "normal".

Quiroz Cuarón tuvo un gran acierto; quizá ahí se revela la cualidad que lo convirtió en el padre de la criminología en México. Contempló el antecedente penal previo de estupro y revisó la declaración de Sabina. El hecho de que Goyo hubiera maltratado a su entonces esposa de la forma en que lo hizo, aunado a otros indicios —en particular que se condujo con sobriedad antes y después de los asesinatos—, le dio pauta para concluir que Goyo era imputable; sabía lo que hacía y actuó con premeditación y ventaja, a tal grado que ocultó sus actos.

Sin embargo, no tomó en cuenta la declaración de la amiga de María de los Ángeles o Bertha. Ni su noviazgo con Hermila, de 16 años. Esas otras historias quedaron invisibles de nuevo. Igual que para los demás, Quiroz Cuarón concluyó que Gregorio Cárdenas no sabía relacionarse con las mujeres y por eso acudía a las prostitutas. Esto, sin importar que evidentemente Gregorio se relacionaba con mujeres solteras, casadas, prostitutas, hijas de familia, niñas pobres y muchachas de clase media. No sólo fueron Hermila, Graciela o Sabina; también estuvo Virginia y una lista de mujeres cuyos retratos guardaba. El propio Revueltas escribe en su crónica:

> Durante algún tiempo mantuvo relaciones con una muchacha de apellido Romero, la cual, según Gregorio, le profesaba extraordinario cariño. La joven lo visitaba en la casa de Mar del Norte, donde Gregorio tenía un conejillo que usaba como animal de experimentación. Muerto accidentalmente el conejillo, entre la muchacha y Gregorio le dan sepultura encontrándose ya tres de las víctimas enterradas en el jardín.[74]

El problema de Goyo no era, pues, relacionarse, ya que lo hacía todo el tiempo y con mujeres de todo tipo: adolescentes, meseras, prostitutas, casadas y solteras… El problema era simplemente que empezó a matar. Pero no importaron las discusiones teóricas, psiquiátricas o legales. A Gregorio Cárdenas jamás le dieron una sentencia firme, nunca "hubo consenso" sobre el caso y hubo incluso quienes lo creyeron inocente. Cuando salió de la cárcel, en el gobierno de Luis Echeverría, recibió una ovación de pie en el Congreso, por ser ejemplo de que la gente "sí puede ser rehabilitada".

Conforme pasaron los años, las décadas, la historia de Goyo Cárdenas inspiró bromas, películas de arte, un par de filmes pornográficos, historietas de corte erótico (encuentro una en particular en la que Graciela es convertida en una mujer de Tacuba, de clase trabajadora, como Goyo, al que defiende de los acosadores del barrio), obras de teatro y más crímenes, esos que ahora llamaríamos *copycat*: imitaciones de la violencia representada en la prensa, el cine y el arte. La policía de entonces calificó esto como "goyomanía".

¿Quién consume pornografía en la que al final matan a las mujeres?

A veces lo llaman arte.

El *mítodo* del asesino serial

Hay una pieza perdida, y es qué entendemos por asesino serial. El criminólogo alemán Sebastian Scheerer advierte que "algo es seguro: el mito de los *serial killers* se fabricó en Hollywood".[75] No es que antes en el mundo y en la historia no hubieran existido personas —en su inmensa mayoría, hombres— que mataran por placer de forma recurrente. Sólo no eran imaginados ni concebidos socialmente como *serial killers*; se les consideraba demonios, hombres lobo, vampiros, monstruos. Como apuntó paradójicamente el propio Jack the Ripper, este concepto de alguna forma dio a luz al siglo XX.

De ahí que es un mito: algo que socialmente creemos, aunque no creamos (sí, las dos cosas al mismo tiempo), que es vigente y da forma a nuestra cotidianidad. Scheerer agrega que los expertos en este tipo de criminales suelen pasar más tiempo tratando de erradicar el mito del asesino serial, tan popularizado a partir del filme *El silencio de los inocentes* (1988), que investigando o deteniendo criminales. Scheerer además señala que estos investigadores se enfrentan también a la imitación. ¿Cuántos crímenes han sido inspirados por la forma en la que la prensa o la televisión o el cine han representado a un hombre matando? Parece que bastantes. Sin embargo, Scheerer advierte que estos crímenes no pueden atribuirse únicamente a los medios de comunicación. Han existido siempre individuos que encuentran placer en el sufrimiento de otros. Aunque —y esto es desde mi propia percepción— sí creo que hay sociedades que los propician más.

¿Por qué en este momento histórico es que surge el mito del asesino serial? Scheerer propone que, más que descalificar el carácter de mito, donde se mezclan factores reales con imaginarios, necesitamos entender por qué se volvió un mito ahora, en esta época. Y para dar algunas respuestas, analiza tres aspectos:[76]

1. La popularidad del mito del asesino serial radica en parte en que, a pesar de ser impreciso y no estar basado del todo en la realidad, el concepto es un avance hacia "la comprensión del hombre de sí mismo" (*sic*).[77] Hasta poco antes del siglo XX los asesinatos "por placer" y con una carga sexual eran atribuidos a seres malignos u hombres lobo, seres sobrenaturales, hombres anormales. Pero la idea de que un ser humano pudiera cometerlos era disruptiva. Por primera vez, en los 1880 (más o menos cuando se hizo famoso el "primer" asesino serial, Jack el Destripador, en Inglaterra, aunque por supuesto no fuera el primero), se planteó que el agresor era un ser humano igual a los demás.
2. Los homicidas seriales encarnan de manera simbólica y condensada las creencias y valores de las sociedades posmodernas, incluido el de la maldad disociada de los valores negativos.[78] En otras palabras, el mito del asesino serial reproduce los idearios posmodernos: la libertad ensimismada, el aburrimiento, una suerte de desacralización de la ética, la reproducción en masa. Todo ello sumado a la fuerza brutal de los medios de comunicación.
3. De la mano del criminal surge otro personaje: el perfilador (*profiler*) psicológico o psiquiátrico. La popularidad del *profiling* reside en su capacidad de poner de relieve la cuestión del moderno y masculino "entendimiento razonable". El perfilador, usualmente un investigador hombre (aunque en *El silencio de los inocentes* la investigadora

> es Clarice Sterling, cuyos maestros son, por un lado, un homicida en serie y, por el otro, el director del FBI) logra resolver el misterio a partir de sus cualidades individuales y gracias a su entendimiento razonable, penetrante, que logra ver al interior del monstruo. Así pues, la contraparte del asesino que mata por placer es el hombre racional que le da cacería: el hombre hegemónico, mejor representado por el superpolicía, contra su sombra junguiana.

Ahí se encuentra una tríada que da vida al mito contemporáneo del asesino serial: primero, el asesino, héroe caído atormentado, hombre maligno y encarnación de la libertad sin límites. Características compatibles con los valores posmodernos. Por eso se les tolera y aún más, la gente va a convenciones que giran en torno a él, se imprimen playeras con su rostro.

Luego tenemos a las víctimas, que suelen quedar apiladas, anónimas, consumidas; aunque a veces hay una excepción: la víctima que dará rostro en el imaginario. Una víctima perfecta, virginal que es redimida. Aquella que iba a ser sacrificada, pero se salvó —o alguien, casi siempre un hombre, la salvó—. Una Sherezade, una Caperucita Roja, una que sí valía la pena salvar.

Finalmente, el hombre cazador de asesinos. El agente *erecto* mirando la pila de cadáveres, el criminólogo experto que "se mete en la mente del asesino". Ésa es la pieza perdida de la masculinidad: el cazador de monstruos, el cazador de hombres lobo, aquel que impone el orden y el progreso. Y es aquí donde surge la mayor paradoja: las mujeres necesitamos comprender lo que nos pasa, lo que les pasa a otras mujeres; los miedos que sentimos, de dónde vienen, los riesgos que enfrentamos, qué hacer. Pero la mayoría de las respuestas son producidas desde hace mucho a partir de mitos en los que la masculinidad está escindida. Y la voz de las mujeres está silenciada. Esto no sólo genera problemas en la representación, sino también en el juzgamiento, como ocurrió en el caso de Goyo, quien nunca fue sentenciado. Y no es cosa del pasado, sino del presente.

2

Tras los pasos del mito

Figura 2. Representación de la fotografía de moda del fotógrafo indio Raj Shetye. En 2012 una estudiante de medicina de 23 años sufrió una violación tumultuaria en un autobús en Delhi, India. Cinco días después murió a causa de la agresión. El caso desató protestas en todo el país y la historia dio la vuelta al mundo. Dos años después este fotógrafo realizó una campaña de moda "inspirada" en los hechos.

FUENTE: https://www.bbc.com/news/world-asia-india-28670663

Luna triple y su imperio decae

Abrió los ojos. La penumbra de la gruta le dio la bienvenida. Estiró los blancos brazos sobre la cabeza y arqueó el torso. Sintió estirar cada músculo y cada tendón de su espalda. Tenía gotitas de sudor en la frente. Había soñado sobre su futuro: ¿qué sería el amor? ¿Cómo sería la vida?

Salió de entre las pieles. La piel de los brazos y las piernas se le erizó, y las piedras de hondo frío bajo sus pies terminaron de despertarla. Se calzó las sandalias en esos pies demasiado grandes para su estatura y luego recorrió los túneles de bóvedas bajas y altas, pasajes estrechos, oscuras gateras y pequeños palacios subterráneos, hasta que salió a la entrada de la gruta en lo alto de la montaña. Desde ahí miró el mar Egeo en el atardecer.

Turquesa incendiada, nubes espesas. Sintió un espasmo en el vientre y luego una caída, relampaguito calambre descendiendo, hinchando la carne a su paso, tocando y despertando cada nervio y luego la caída. Miró hacia abajo. La entrepierna. Un escurrimiento como el agua que suda de la gruta, pero caliente y rojo.

Observó con curiosidad cómo se formaba el hilillo bajando por su muslo.

Sólo después lo vio a él, semioculto entre los árboles, sonriendo a medias, su ojo mirándola con una luz particular en la caída de la tarde.

Era un muchacho algunos años mayor que ella. Estrella del crepúsculo y estrella de la mañana.

A ella le gustó. Recordó sus antiguos cuentos de la infancia que hablaban del amor.

Él se acercó y le preguntó su nombre, ella se lo dijo. Él le propuso que dieran un paseo. Ella primero sintió miedo. Era muy joven, casi niña o, mejor dicho, una niña casi joven. Apenas un rastro de sangre en la entrepierna. Él insistió cual lobo feroz y dijo que abriría el firmamento para que ella paseara por la oscuridad.

Finalmente ella accedió. Él revoloteó a su derredor, saboreando por adelantado momentos futuros. Ella caminó entre la ilusión que dan las promesas. Pero ambos seguían siendo muy jóvenes, todavía jugaban mucho. Corrieron por los bosques, se bañaron en los ríos. Él la persiguió, como se persiguen los enamorados, hasta que ella se dejó alcanzar y se enredaron ambos cuerpos entre los campos. Se volvieron uno cada vez con más intensidad hasta que ya no había más, no había más unión posible. Se soltaron extenuados y descansaron uno al lado de la otra. Él, plácido, rey de aquel universo. Ella, un poco confundida. ¿De esto se trataba? ¿Qué pasaba ahora? Este dolorcito, este miedo ligero.

Luna de nieve.

Antes del amanecer ella regresó a su gruta. Al despedirse él le dijo: "Suspendido entre la oscuridad y la luz, te esperaré".

Y así pasaron muchas noches. Con cada una ella se ponía más lozana y crecía. Más color en sus mejillas, crecía cual luna de fresa. Su vientre y sus senos se iban redondeando e hinchando. Cada mañana él la miraba regresar a su gruta para dormir sobre sus pieles de animales cazados en tierras lejanas. Trono de plata. Y cada noche cuando se veían él le prometía: "Abriré el firmamento para que pasees como la diosa que eres".

Se amaban y se colmaban el uno del otro, y se reían y acariciaban, un cuerpo que ya no parecía el de una niña, un vientre redondo como el mundo mismo, los senos gordos y los pezones oscurecidos.

Preñada.

Un día mientras ella descansaba en su lecho, la partió un dolor muy grande, un relámpago, un terremoto. El crujir de los huesos del mundo. Ella gritó con la voz de mil mujeres y el mundo salió de su vientre. Otro mundo más. Miles de hijos, pequeñas serpientes, cervatillos, niñas de cabellos ensortijados, escarabajos negros, semillas de olivo, peces de plata, cosechas de trigo.

Y, tras el parto, se veía pálida y extenuada, algunas arrugas alrededor de la boca, sombras bajo los ojos. No dejaba de ser bella. Sus pechos cargados alimentaban el mundo, formaban cascadas de vida, miel y leche y caricias, brazos gruesos y suaves. Un seno tibio que apaciguaba la vida que de ella nacía. Sus ropajes vaporosos ahora lucían húmedos, con infinidad de vidas pequeñitas pegadas a ellos. Mareas altas frente a la luna plena. Y aún tenía la fuerza de iluminar la noche, corretear cachorros de todas las especies. Él la poseía como antes, o casi, porque él también estaba agotado y disminuido tras tantas noches de poseerla.

¿O ella lo poseía a él?

Es como si ella hubiera crecido, pero él no. Los hijos crecieron y algunos murieron. La vida. Y él siguió deseándola, amándola cada vez más pequeño y arrugado, reseco como una pasa. Y ella sonreía, espléndida y hermosa, y luego envejecida y corrupta. Lo rodeaba con sus piernas flacas, mucho más fuertes de lo que aparentaban; lo besaba con boca desdentada y podrida. Él la deseaba y aborrecía. Ella no mostraba más la cabellera espesa de antes, su pelo era canoso y ralo, los ropajes que envolvían su cuerpo ya no eran transparentes y vaporosos, sino confusos y opacos. Aleteos de murciélagos, nubes cargadas de tormenta sobre un mar revuelto y nocturno.

Luna fría.

Una noche, la vieja decrépita salió con su bastón, tercera pierna; el brillo del deseo ardía en sus ojos colmados de cataratas. Él, agotado, como lo prometió, abrió el firmamento para ella. Y andaron, se abrazaron, y ella se montó y lo cabalgó. Al llegar al clímax, de él ya no quedaba nada. Un cadáver, una momia reseca. Ella terminó y regresó sola a su gruta. Satisfecha.

Él, inmóvil, se incendió. Supernova, implosión.

A la noche siguiente ella despertó.

* * *

Era apenas una niña en una cuna que mecía ella sola. Una promesa de amor y mundos nuevos. Sus regordetes brazos, sus cabellos suaves, cual algodoncillo sobre la cabeza. Rendija imperceptible, cuernos nacientes, fisura por la que se asoman posibilidades. Unas noches más tarde, era una muchacha de brazos blancos, pechos núbiles y vestido etéreo. La frente perlada. Ingresó en la noche y corrió por los campos, nadó en los ríos y persiguió pequeños peces plateados, subió montañas. Llegó al lugar de su cita anterior. Sobre las cenizas de lo que fue su amado había un huevo pardo que tomó entre sus manos y llevó a casa.

Lo cubrió con pieles, le cantó como una madre canta a un niño. Tras algunas noches el cascarón se rompió. De él salió una culebrilla moteada que olía a humedad y relámpagos. Ella trató de atraparla, pero el animalito era demasiado rápido y de inmediato se escabulló y escapó. La culebra se hundió en la tierra, pero también se volvió trueno, lluvia y vientos. Llevó el cambio, hizo viajar las semillas y las historias, estas últimas tan importantes para la vida como las primeras. Y unas noches después volvió a buscar a Luna. Ella lo miró con asombro. La Serpiente sabia regresaba cada noche, cada vez más erecta.

Luna creció y se convirtieron en amantes.

Una noche, Serpiente le dio a Luna un huevo rojo que ella devoró. Así quedó embarazada de nuevo, y al poco tiempo dio a luz a una lucecita, una pequeña estrella, que subió al firmamento.

Estrella de la mañana. Estrella de la tarde.

Y pasó el tiempo, los ciclos. Luna cada vez más hermosa y terrible, y luego más terrible y decrépita. Y una noche no salió para nada y luego volvió, otra vez como una niña que nada sabe del mundo. Mientras, Estrella creció y derrotó a Serpiente y lo mató. Y Estrella una vez, vigilando aquella misteriosa gruta, vio a una niña, casi una joven.

El ciclo se repitió.

Y así muchas noches neolíticas ocurrieron. Muchas hasta que dejaron de hacerlo.

Una tarde, cansado de nacer y morir irremediablemente, el dios Estrella, hijo y amante de Luna, le dijo: "Debo tener un padre, y ese padre no puede ser Serpiente".

Estrella partió a otros mundos. Conoció al dios Sol y se dio cuenta de que él podría convertirse en aquella estrella poderosa, aquella que calienta la tierra y hace crecer las plantas. Simiente de vida. Caminó más lejos y encontró que en otros lugares veneraban algo que se llamaba guerra, un intercambio de muerte y dolor convertidos en éxtasis. Pero ¿acaso la muerte y el dolor no habían sido siempre? ¿Acaso ella no paría y luego devoraba y finalmente aniquilaba? ¿Qué era la vida sino la otra cara de la muerte? Lejos, en otros lados, los toros eran animales tan poderosos... Decidió que Toro fuera su padre.

Fue así como una mañana Estrella regresó y la encontró tejiendo un manto de nubes. Él anunció: "Encontré a mi padre, Toro. Y mi nombre ya no será Estrella, sino Sol".

Ella estaba ocupada, a punto de parir, y no hizo mucho caso. Pero unas noches después, cuando ella amamantaba a un niño de ojos negros y a un cervatillo, él dijo:

—Madre, hoy no iremos a correr por los montes ni a surcar el firmamento. Ya no creceré para ser tu amante. Es una abominación, las viejas no pueden disponer de los jóvenes. Al contrario, cuando envejecen, deben alejarse. De otro modo se convierten en brujas, llevan la muerte.

—Pero, hijo, todos debemos morir. Y al ser yo el portal de entrada para la vida es natural que también lo sea de la muerte.

Estrella no se molestó en responder. Era de día y ahora él dominaría el momento más brillante de la jornada. Su luz cegadora llevó el calor. Él era creador de todo. De los cielos y la Tierra. No ella. Aquella noche, Luna se encogió de tamaño. Su única función era ser madre del Niño Sol. Únicamente Sol podía dar vida.

¿Qué pasó con Serpiente? Quedó exiliado, convertido en demonio. La luna menguante, devoradora de vidas, se convirtió en repulsiva amante de aquel que cayó del cielo a los avernos. De aquella estrella de la mañana, ángel caído, venus masculina.

Graves, el poeta que vio

Como el gran poeta que fue, Edgar Allan Poe describió con claridad lo que intuía sobre el valor estético de la muerte[1] de mujeres hermosas en la cultura. Pero hubo otro poeta que, con enorme erudición, no sólo vio, sino cuestionó este orden simbólico. Robert Graves siguió el viaje exegético de la poética europea y su relación con lo femenino en *La Diosa Blanca*, ensayo monumental publicado por primera vez en 1948.[2]

Él concluye que toda poética europea habla de lo quc él llama la "Diosa Blanca": una diosa lunar, triple, como son tres las fases de la luna (y que dieron pauta al cuento anterior): naciente-doncella, plena-madre y menguante-anciana/bruja; y los dioses masculinos lo son en relación con ella, ya sea como consortes o hijos: "Al principio en Europa no había dioses contemporáneos a la Diosa que desafiaran su prestigio o poder, pero ella tenía un amante que era alternativamente la benéfica Serpiente de la Sabiduría o la benéfica Estrella de la Vida, su hijo…".[3]

Llega a esta conclusión después de trazar las trayectorias de los mitos, que pasan de tradiciones pregriegas, asiáticas, y luego son retomadas y transformadas. Describe estas transformaciones, sus reinterpretaciones, y las compara también con la tradición celta.

Más allá de si toda poética europea puede reducirse a este motivo, Graves logra ver las trayectorias de diversos mitos, narrativas y simbolismos, lo que le permite concluir que en algún momento las sociedades cambiaron.

La historia comenzó (le damos ese nombre, historia, al transcurso de los acontecimientos a partir del momento en el que empezamos a escribir y dejamos ideas asentadas). Los hombres tomaron el poder y, algo importante, iniciaron las invasiones entre pueblos. Comenzó así un recuento o reinvención de las historias y los mitos. Las divinidades femeninas perdieron paulatinamente sus poderes, ciertas cualidades y su fuerza. Mientras, surgían los grandes dioses masculinos.

Graves vio esto desde la poética. Diversas autoras, antropólogas y sociólogas también han propuesto teorías que hablan sobre antiquísimas civilizaciones matrísticas (no matriarcales[4]), las cuales pervivieron al menos hasta el periodo Neolítico, para luego transformarse en sociedades de dominio masculino.

Sobre estas sociedades matrísticas, la antropóloga Riane Eisler recopila datos arqueológicos que sugieren que, en el Neolítico, en diversas latitudes —desde Catal Huyuk en la actual Turquía, en las culturas europeas del suroriente y hasta en la actual Ucrania— había civilizaciones con una profunda valoración de los símbolos femeninos. Luego se centra en el caso de Creta, "la única civilización 'alta' conocida donde la adoración de la Diosa sobrevivió hasta los tiempos históricos".[5]

La historia al inicio de este capítulo está inspirada en los mitos que Graves rescató sobre las culturas en el mar Egeo hace unos 3 mil años, es decir, Creta y las islas cercanas. Graves trazó la transformación de narrativas hasta llegar a las prevalecientes en las culturas posteriores: culturas patriarcales monoteístas de corte judeocristiano. De esta región se sabe que en la isla de Creta los pobladores mantuvieron hasta la fase histórica[6] una sociedad matrística en la que las mujeres eran altamente valoradas, se desempeñaban como sacerdotisas y tenían libertad económica y social.

Tanto Eisler como Graves parten de una visión eurocéntrica. Sin embargo, sus aportaciones son valiosas para imaginar que en algún momento de la prehistoria de aquel horizonte cultural llamado Occidente los seres humanos pudieron organizarse de una forma distinta, más igualitaria con respecto al género y con una importante estimación de los símbolos femeninos. Pero, si bien existía esta valorización, no quiere decir que hubiera una sociedad sin división sexual del trabajo. De hecho, aparentemente, nunca ha existido una en el mundo.

De esto último cito a Cucchiari en su clásico ensayo "La revolución de género y la transición de la horda bisexual a la banda patrilocal". Él advierte que "la organización humana sin género no ha podido observarse ni en la etnografía presente ni en la histórica". Y él sí considera que hay otro rasgo que podemos calificar de universal: "la jerarquía de género o el dominio masculino".[7]

Sobre si la opresión masculina es "universal" o no, es imposible decantarme por una respuesta con lo investigado, ya que no es además el objetivo. Pero no sobra advertir que esta es una discusión vigente. ¿Está la dominación masculina en todas las sociedades o sólo en algunas?, y en qué grados. Ahora bien, a esta idea de un sistema de opresión,[8] que al menos en Occidente llaman patriarcado, se suman autoras y autores de toda índole. Quizá una de las más relevantes sea Joan Wallach Scott, historiadora que, en toda su obra, se pregunta por qué a lo largo de la historia no se percibe una gran resistencia organizada contra el patriarcado. Y concluye que, en esta aparente complacencia femenina frente al patriarcado, los mitos y la representación tienen un papel importante. Los mitos, tan profundos, con tantas resonancias en nuestro interior, convierten en algo *natural* esta hegemonía. Bourdieu, en su *Dominación masculina*, advierte lo invisible que resultan los andamiajes culturales de dicha dominación. No la cuestionamos porque no la vemos.

Patriarcados "fuertes" o "suaves"

Imaginar que quizá en el Neolítico existió algo distinto me animaba. A veces es necesario suponer que hubo otras realidades en el pasado para imaginar un futuro. Pero eso nos lleva a otra precisión: no todas las sociedades son igualmente masculinas o violentas. Encuentro a dos autoras, Rosemberg y Troya,[9] quienes llevaron a cabo un metanálisis de muchos estudios sobre los mitos de origen de diversos grupos étnicos. Ellas concluyen que hay algunos *guiones*[10] míticos con un predominio de origen femenino, por ejemplo, entre los balineses (isla de Bali), los semang (Malasia), los mbuti (actual República Democrática del Congo), los iroqueses (actual Estados Unidos) y los ashanti (Gana). En todos ellos identifican una división sexual del trabajo más o menos indiferenciada, y donde los hombres participan de la crianza de las generaciones jóvenes.

En estas sociedades, que se perciben menos machistas, prevalece la caza de animales pequeños y se da más importancia a la recolección y a la alimentación con plantas.

Por otra parte, están los guiones de predominio masculino, y en estas sociedades las conductas imperantes son *a)* la exclusión de las mujeres de las decisiones políticas y económicas y *b)* la agresión masculina hacia las mujeres.

Como ejemplos de estas sociedades, Rosemberg y Troya nombran a los hausa (norte de Nigeria), los munduruku (selva de Brasil), los tohono o'odham[11] (frontera entre Estados Unidos y México), los yanomami (Brasil y Venezuela). Se trata de sociedades que cazan animales más grandes, con una división sexual del trabajo más rígida y una condición de las mujeres más maltrecha.

Finalmente, según esta tipología, hay guiones "mixtos".

Esta idea de sociedades más o menos igualitarias, más o menos patriarcales (pues no hay una genuinamente matrística) es también compartida por Rita Segato, quien habla de diferentes niveles y valores patriarcales en diversas comunidades.

En resumen, podemos suponer que alguna vez el mundo humano —su división sexual del trabajo, su relación entre los géneros— fue diferente al actual. Pero se trata de eso, un supuesto basado en el análisis de mitos, en algunas investigaciones. Y también partimos de que en el presente, en casi todo el mundo, las sociedades, hasta donde alcanzamos a ver, se basan en una división sexual del trabajo y una prevalencia de dominación masculina (unas sociedades más, otras menos), lo cual se ha reproducido continuamente en Occidente al menos desde hace más de 3 mil años.

Ahora bien, ¿qué papel tienen en ello las historias sobre asesinatos de mujeres?

El feminicidio mítico, piedra angular de la guerra

Me baso de nuevo en Graves para tratar de situar el inicio de la representación simbólica de los feminicidios en este momento de inflexión. Él advierte que "los casos de asesinato ritual de mujeres son raros en el mito europeo",[12] en particular los mitos de las culturas celtas y cretenses antiguas (culturas igualitarias, prehistóricas, las cuales, estirando un poco los conceptos, podemos decir que tienen cualidades matrísticas). Graves agrega que la mayoría de los relatos de asesinatos tienen que ver con la profanación de los santuarios de culto a la Diosa por invasores aqueos:[13]

> Que hubiera sangrientas matanzas y violaciones de sacerdotisas lo ponen de manifiesto las batallas del hércules Tirinto con las amazonas, con Hera misma (la hirió en el pecho), con la Hidra de nueve cabezas, una bestia representada en las vasijas griegas como un calamar gigantesco con una cabeza en el extremo de cada tentáculo.[14]

Es en esa época de cambios en la organización social, detonados en gran parte por las guerras, cuando las diosas comienzan a perder poder. Y una forma en la que los pueblos invasores erosionan los cultos religiosos femeninos es por medio de la violación y el asesinato[15] de sacerdotisas.

Pero más adelante, continúa el poeta, habrá cambios más profundos que señalarán simbólicamente la llegada de un nuevo orden. Graves sentencia: "Los relatos de princesas sacrificadas por razones religiosas, como Ifigenia o la hija de Jefté, se refieren a la siguiente era patriarcal".[16]

La era patriarcal, entonces, concierne a las sociedades desprendidas del judaísmo posterior, el cristianismo judaico, el islam y el cristianismo. Así, en el libro que da pie a estas religiones, que comparten un horizonte cultural y geográfico, hallamos aquel primer feminicidio ritual.

La hija de Jefté

La hija de Jefté probablemente fue una niña asesinada hace más de 3 mil años para que su padre ganara una guerra. Acaso existió. Pero su nombre no ha sido recuperado.

La hija de Jefté es la víctima femenina de la que se ocupa la *Biblia de Jerusalén* en el libro de Jueces. Diversas autoras[17] coinciden en que las narraciones de la Biblia forman parte de la memoria —a veces completamente imaginaria y a veces factual, como cualquier mito— del pueblo judío. En este caso, los sucesos narrados podrían estar situados alrededor del año 1030 a. C., de acuerdo con Melero Gracia. Para Mercedes Navarro Puerto, las historias narradas en Jueces podrían haber ocurrido aproximadamente entre 1250 y 1020 a. C. Es decir, hace más de 3 mil años.

Melero Gracia hace una observación: en la Biblia, las mujeres que hacen un daño tienen nombre. Dalila, quien seduce y le corta el pelo a Sansón, por ejemplo. En cambio, las víctimas (la primera, la hija de Jefté) no lo tienen. Lo mismo ocurrirá más adelante con otra víctima de feminicidio: la concubina del levita, quien es violada hasta la muerte para salvar a su concubino. La historia de la concubina del levita, desde nuestro punto de vista, tiene un grado de crueldad superlativo al de la hija de Jefté. Aunque hay algo que las engarza. Como advierte Thompson la atrocidad de estas historias "se ve agravada, además, por la aparente negativa del narrador bíblico de añadir una sola palabra de condena o moralismo o incluso de explicación".[18]

Que las víctimas *inocentes* no tengan nombre es un fenómeno que se manifiesta incluso hasta el presente: a las buenas víctimas se les cuida "su nombre", su historia. La forma de proteger a una mujer víctima es no nombrarla ni hacer pública su vida. Recuerdo una ocasión en la que solicité una entrevista a la madre de una víctima de feminicidio. La madre había accedido ya. Quería hablar de acceso a la justicia. En el diario en el que entonces trabajaba, la apuesta era "humanizar" a las víctimas, una costumbre periodística reciente, narrar los sueños o las aspiraciones rotas. Me solicitaron hacer un "perfil de corte periodístico": qué estudiaba la víctima o en qué trabajaba, cuáles eran sus gustos. La madre, al escuchar la propuesta, se negó e incluso canceló el encuentro que ya habíamos pactado. En aquel momento no supe ver lo intrusivo que podía ser la propuesta, aunque viniera alentada por una buena intención. En *El invencible verano de Liliana*. La escritora Cristina Rivera

Garza escribe sobre su hermana menor, víctima de feminicidio 30 años atrás, y se pregunta por qué hasta ahora se decide a escribir: "En un mundo así, guardar silencio fue la única forma de arroparte, Liliana. Una forma torpe y atroz de protegerte. Bajamos la voz y nos recluimos dentro de nosotros mismos, para no exponerte a la acusación fácil, al morbo tullido, a las miradas de conmiseración".[19]

Pienso también en el caso de Elizabeth Short,[20] joven violada, torturada y mutilada en Hollywood, Estados Unidos, en 1947. Cuando el cuerpo permanecía sin identificar, la prensa describió a la víctima como una "adolescente" agredida por un "hombre lobo". Pero una vez que la prensa dio con la identidad de la víctima y fue ahondando en su vida privada, la joven fue caracterizada como prostituta, lesbiana, vagabunda, una mujer que usaba maquillaje pesado y le mentía a su madre.

El nombre, pues, está ligado directamente a la casa o el hogar donde se vive; "implica" con ello a la familia y a los seres querientes, los expone al acoso, los mancha. Sí. Bajo esta lógica es mejor no tener un nombre.

Transcribo el relato de la hija de Jefté, uno de los jefes del pueblo de Israel, como lo encuentro en mi edición de la *Biblia de Jerusalén*.[21] Algunas consideraciones previas, sin embargo, donde de nuevo se trasmina en el relato esa visión patriarcal: Jefté es hijo de una prostituta, por lo que debe demostrar en todo momento su valía social, y esto lo hace por medio de la guerra.

> Jefté hizo un voto a Yahveh: "Si entregas en mis manos a los amonitas, el primero que salga de las puertas de mi casa a mi encuentro cuando vuelva victorioso de amomitas será para Yahveh y lo ofreceré en holocausto". Jefté pasó donde los amonitas para atacarlos y Yahveh los puso en sus manos [...]. Cuando Jefté volvió a Mispá, a su casa, he aquí que su hija salía a su encuentro bailando al son de las panderetas. Era su única hija. Al verla [Jefté] rasgó sus vestiduras y gritó: "¡Ay, hija mía! ¡Me has destrozado! ¿Habías de ser tú la causa de mi desgracia? Abrí la boca ante Yahveh y no puedo volverme atrás". Ella le respondió: "Padre mío, has abierto tu boca ante Yahveh, haz conmigo lo que salió de tu boca, ya que Yahveh te ha concedido vengarte de tus enemigos [...]". Después dijo a su padre: "Que se me conceda esta gracia: déjame dos meses para ir a vagar por las montañas y llorar con mis compañeras mi *betûlîm*".[22]

Jefté accedió a la última petición de su hija, y la muchacha se fue con sus compañeras, amigas, a *vagar* por las montañas durante dos meses, y después regresó. Entonces su padre "cumplió en ella el voto que había hecho".[23]

Melero Gracia destaca, en primer lugar, que Jefté culpa a su hija de la desgracia, y no a sí mismo: "Desde el punto de vista del personaje, el discurso en su conjunto culpabiliza a la muchacha y contempla a Jefté como víctima. La alta concentración de la primera persona verbal pone en evidencia el egocentrismo del discurso. Jefté sólo percibe su propia tragedia, no la de su hija".[24]

Luego la autora hace notar que, a diferencia del padre, en las palabras de la hija predomina la segunda persona. Es ella quien se hace cargo del sufrimiento del padre, aunque señala de quién es la culpa: "[Tú] has abierto la boca".

Por último, la muchacha expresa su última voluntad: un tiempo antes de ser inmolada para ir por los bosques con sus amigas y llorar su *betûlîm*.

> El término *betûlîm* en el discurso de la muchacha se entiende como referido al periodo de la adolescencia. Denota el momento vital de una joven casadera, sin referencia explícita a la virginidad.[25] ¿Por qué quiere llorar la muchacha? [...] llorar por su *betûlîm* es atribuir la causa de la muerte a su nubilidad; si fuera más joven o ya comprometida no hubiera sido apta para el sacrificio. Así la muchacha no prepara un duelo por su esterilidad, sino por su muerte.[26]

Quisiera hacer otro apunte: la muchacha desea pasar sus últimos días con sus amigas, no con su padre ni su familia. Y desea hacerlo en la montaña, lejos del orden social que le impone la muerte y que la acerca a verdades más simples. Que la acerca a su propio cuerpo. Busca apartarse de la imposición de morir por el bien de su padre. Debe, además, hacerse notar que la hija de Jefté es muy joven. Desde los estudios teológicos, Tatiana Mejía ubica su edad antes de los 12 años;[27] otros autores, a los 14 años.

La herencia de la hija de Jefté

El relato de la hija de Jefté puede no estar presente en el imaginario actual tal y como aparece en la Biblia, pero el motivo del padre que debe sacrificar lo primero que salga de la casa dejó una impronta profunda en la cultura judeocristiana y pasó de siglo en siglo entreverado en los cuentos de hadas. Por ejemplo, en algunas variantes de *La bella y la bestia* en Alemania, Suiza y Rusia,[28] después de cortar una flor sin permiso, y cuando la bestia está a punto de matarlo, el padre promete entregarle lo primero que salga a recibirlo a cambio de su vida. Este padre y mercader confía en que siempre sale a saludarlo su perro antes que nadie. Pero no, resulta que en esta ocasión quien sale es su hija.

El mismo argumento inicial está en una historia menos conocida:[29] *La doncella sin manos*. Este relato, cuyos motivos se repiten en diversas partes del mundo, tiene registros escritos desde el siglo XIII,[30] pero es ya en las versiones recopiladas por los hermanos Grimm que aparece un símil con la hija de Jefté: a cambio de riquezas, un hombre promete al diablo (aquí ya no es Dios, sino su antítesis) entregarle aquello que se encuentra en el patio de su casa, pensando que el diablo obtendrá un manzano. Pero, de nuevo, se trata de su hija.

Algunas variantes de *La doncella sin manos* hablan del incesto o la violencia sexual ejercida de padres a hijas. En la versión morisca *La doncella de Carcayona*, el padre quiere acceder sexualmente a su hija y cometer incesto. Ella lo convence de no hacer algo que posteriormente lo avergüence. Luego, mientras la joven reza a un "ídolo", una paloma baja del cielo y le enseña la verdadera fe: Alá. El padre, al ver que su hija niega la fe que él profesa (la anterior al islam), le manda cortar las manos.

A diferencia de la hija de Jefté, en las nuevas reelaboraciones del padre que sacrifica a una hija, el asesinato sacrificial no ocurre debido a que la joven sea pura. Ésta es una narrativa que empieza a surgir con más fuerza en la era medieval: las mujeres salvan la vida por cualidades asociadas al ideal femenino: la inocencia, la docilidad y la pureza. Pero no nos adelantemos; por el momento vale la pena rescatar esta transformación: en la Biblia Jefté sacrifica a su hija virgen y casi niña para ganar la guerra y reivindicar su nombre. En las versiones posteriores este asesinato sacrifical es sustituido simbólicamente, como ocurre con Ifigenia, de Eurípides.

Ifigenia

En el caso de Ifigenia, este mito parece provenir de una tradición también milenaria y cuya data es imprecisa. Según algunos autores, aparece en los cantos de Cipre (poema perdido del horizonte cultural griego) y también en la *Teogonía* de Hesíodo. "No obstante, la versión de Eurípides es la que más ha prevalecido en el imaginario social de Occidente".[31] En versiones anteriores a la de Eurípides, Ifigenia es efectivamente sacrificada, como ocurrió con la hija de Jefté. Tan sólo en la versión de la *Orestíada* (458 a. C.) Esquilo narra los mismos hechos y limita a Agamenón a sacrificar a su primogénita.

La tragedia *Ifigenia en Áulide* (Eurípides) ya promueve esta mistificación,[32] es decir, el cambio de un hecho por otro: un feminicidio ritual atenuado por el sacrificio de un animal. Está fechada en el 406 a. C., y es esta versión la que retomo.

A grandes rasgos, Agamenón es nombrado general del ejército de los aqueos, que está reunido en Áulide, ya que pretenden embarcar rumbo a Troya para recuperar a Helena (raptada por Paris). Un adivino advierte que sólo soplarán vientos favorables si Ifigenia, la hija menor de Agamenón, es *sacrificada* en honor de Artemisa.[33] Aquí un pequeño paréntesis: Artemisa es en sí una diosa cuya historia narra la disminución del poder femenino. Según Graves, en un inicio fue tan poderosa como su mellizo Apolo. Pero, poco a poco, se fue diluyendo hasta hacerse cargo de un acotado poder constreñido a lo indomable de la fuerza femenina.

Ifigenia y su madre Clitemnestra son trasladadas con engaños a Áulide, les endulzan el oído a ambas, les aseguran que Ifigenia se casará con Aquiles. Ellas se trasladan, ilusionadas. Pero, una vez ahí, madre e hija conocen la verdad. Ifigenia no va a casarse, sino que será asesinada. Entonces se desatan el dolor y los reproches.[34] El propio Aquiles se opone. Por un momento Agamenón tiene dudas. ¿Por qué matar a su hija para ganar una guerra y recuperar a otra joven? ¿Por qué es tan valiosa Helena que él debe matar incluso a su propia descendencia? Pero es al final la propia Ifigenia quien decide morir voluntariamente, porque "comprende" que no hay otra forma, y para evitar que Aquiles se enfrente a su ejército: "No está bien que éste se enfrente en combate a todos los aqueos, ni que muera, por una mujer. Un hombre es más valioso que mil mujeres en la vida. Y, si Artemisa quiso apoderarse de mi persona, ¿he de resistirme yo, que soy mortal, contra la diosa?".[35]

No obstante, cuando ya está todo listo para que Ifigenia muera en la piedra sacrificial, la diosa Artemisa se compadece de ella y se la lleva para darle el don de la inmortalidad y convertirla en sacerdotisa. En el altar, la sustituye por una cierva degollada.

De nuevo, el padre es quien promete la muerte de su hija, por asuntos de guerra. En este caso, sin embargo, la diosa Artemisa se apiada. Se trata de la hermana melliza de Apolo, diosa que, como se mencionó, tenía un poder y fuerza a la par de su hermano, pero se vio paulatinamente disminuida, según el análisis poético de Graves. Parecería que lo que salva a Ifigenia es su voluntad para ser inmolada, su valentía para entregar su vida a cambio de la de un hombre en particular y, de nuevo, por el destino de la guerra.

Feminicidios "suavizados": la violencia contra las mujeres "que Lacan no vio"

Para Bourdieu[36] "el orden social funciona como una inmensa máquina simbólica que tiende a ratificar la dominación masculina en la que se apoya". Esa maquinaria es tan eficiente que no la vemos. Y la representación de mujeres asesinadas también se ubica en este entramado. Maria Mies sugiere algo parecido e incluye los procesos de colonización cuando escribe:

> La principal lección que aprendimos de las mujeres del Tercer Mundo, así como de nuestra propia Europa, fue que el medio utilizado y gracias al cual las mujeres, las colonias y la naturaleza se vieron obligadas a servir al "hombre blanco" fue la violencia directa y que sin esa violencia no hubiesen tenido lugar la Ilustración europea, la modernización ni el desarrollo.[37]

Es una verdad que sabemos y a la vez ignoramos. De tan simple es extrañamente invisible: la naturaleza, las mujeres, los pueblos colonizados se vieron obligados a servir al hombre blanco por la violencia física sufrida. Y esa violencia física directa se convierte en simbólica a través de las narraciones y los mitos que absorbemos todas. Aunque esas "todas" somos diversas, y las representaciones nos afectan de forma también diversa.

Por otro lado, la violencia simbólica suele ser embellecida durante el proceso. Una reproducción sin fin en poemas, pinturas, historias... Autoras y autores han explorado las huellas que este arrebatar de poder ha dejado en las leyendas y mitos.

Por ejemplo, Segato describe el proceso de exclusión del poder y usurpación simbólica en su ensayo "La célula violenta que Lacan no vio".[38] Ahí reinterpreta los hallazgos del antropólogo Maurice Godelier,[39] en el pueblo baruya, en la isla de Papúa Nueva Guinea, en Asia y el oeste de Oceanía.

Se trataría, según la división que Rosemberg y Troya hacen, de una sociedad marcadamente masculina, donde las mujeres participan poco de las decisiones colectivas.

Segato repasa la práctica de este pueblo en la que, al llegar la pubertad, los niños varones ingresarán a la "Casa de las Flautas", un recinto sagrado y masculino. Pero, antes, los niños deben pasar una semana iniciática: son llevados a un lugar especial y, ahí, en una práctica homosexual vía oral y anal, reciben el semen de hombres mayores. No es posible dejar de mencionar que se trata de una relación sexual que no puede ser cabalmente consensuada,[40] que es culturalmente obligada, entre hombres adultos y niños, a quienes aventajan tanto en poder simbólico y estatus como en fuerza física.

Según la cosmovisión, al recibir el semen de los hombres mayores, los niños posteriormente podrán realizar esta misma práctica e impregnar y embarazar a sus futuras mujeres.

Aquí noto —toda proporción guardada— una convergencia con lo aportado por la francesa Jules Falquet muchos años después. Esta última, en su ensayo "Más allá de las lágrimas de los hombres",[41] narra la forma en la que el ejército —y todas las estructuras masculinas militares— hace pasar a sus soldados jóvenes por procesos de tortura, privaciones y maltratos, que, sin embargo, no tienen el impacto profundo en sus psiques que sí tiene la violencia que ellos infligen finalmente contra las mujeres. Los soldados saben que su sometimiento es temporal, va a pasar. Una vez que el soldado sobreviva a este proceso,[42] entonces pertenecerá a este grupo masculino, será aceptado y recibirá "permiso" de maltratar y torturar a sus subalternos. En cambio, las mujeres saben que el peligro estará siempre, latente o activo.

Regresando a la tribu baruya en Papúa Nueva Guinea, después de esta forma de violencia sexual, todos los hombres —adultos y niños— irán a la casa de los hombres, donde se encuentran las flautas que representan la masculinidad (este lugar está totalmente prohibido para las mujeres), y ahí serán por fin investidos como hombres y se les revelará el secreto fundacional de su cultura, un secreto que siempre deberán guardar de las mujeres, y que es el siguiente: las flautas sagradas pertenecían primero a las mujeres, pero los hombres las robaron y ahora deben mantener el estado de las cosas de forma artificial.

> En el objeto sagrado que manifiesta el poder de los hombres se hallan los poderes de las mujeres que los hombres consiguieron apropiarse cuando les robaron las flautas. Desde esos tiempos primordiales los hombres pueden reengendrar a los niños fuera del vientre de las mujeres, pero deben mantenerlas separadas permanentemente de sus propios poderes, diríamos que alienadas con relación a sí mismas.[43]

Después de una semana en la que los niños primero son *feminizados*, y después se les revela el secreto iniciático del robo del poder femenino, los niños se convierten en hombres. Segato concluye:

> Usurpación, violencia fundante, y un masculino que, después de su producción inicial mediante expropiación y expurgo, permanece condenado para siempre a reproducirse sin descanso a expensas y en detrimento del femenino, que fuera antes —en tiempo premítico— dueño de sí. Ésta es la célula elemental de la violencia. Se trata de una economía expropiadora única, instituida y en vigencia permanente.[44]

El poder proviene del despojo. Y se puede trazar una exégesis simbólica de violencia mítica —como la narrada por Graves— en la que las deidades femeninas pasan de ser reverenciadas a ser disminuidas y mutiladas. Se convierten en monstruos derrotados y peligrosos porque, y esto es importante, todo poder que surge del despojo y la opresión es siempre vigilante; siempre es necesario reproducir a modo de recordatorio el destino de quienes se rebelan.

La vagina dentada

Rita Segato da pistas sobre cómo se simboliza el sistema patriarcal, lo que ella llama nivel casi especie humana, en el que muchas culturas, de todos los continentes, manifiestan coincidencias en al menos cinco mitos fundacionales vinculados al ordenamiento del comportamiento del sexo y género. Cito a Segato:

1. La experiencia del amor romántico, expresada en líricas hallables en todas las civilizaciones en general bajo la horma del amor interdicto o imposible [...] [ejemplo típico el de Romeo y Julieta].
2. La fórmula mítica de la vagina dentada, que alude a la peligrosidad de lo femenino.
3. El "mito de las amazonas" o matriarcado originario, cuya derrota da inicio a la historia de una civilización.
4. La universalidad del conocimiento de la experiencia de la violación, aun en sociedades en las que la incidencia de esa forma de violencia tiende a ser nula.
5. La adquisición del estatus masculino como resultado de un proceso iniciático de probación.[45]

Retomo un mito del Chaco argentino, porque en éste aparecen cuatro de los cinco puntos mencionados por Segato. El pueblo qom, o toba, localizado en lo que ahora es el Chaco argentino, narraba lo siguiente:

Las mujeres bajaron del cielo, como criaturas poco menos que divinas,[46] sexualmente deseables y bellísimas mas peligrosas para los hombres. Estas mujeres estrellas se burlan de ellos, se roban su comida, los seducen. Ellas los golpean, ya que son fuertes (aquí podemos ver el mito de las amazonas). A pesar de todo, los hombres humanos quieren poseerlas y tener hijos con ellas, pero las vaginas de las mujeres estrellas están equipadas con terribles dientes (vagina dentada); cuando uno de ellos quiere acceder sexualmente a alguna, es castrado. Entonces, para "domesticarlas", los hombres piden ayuda a los dioses. Un dios con el pene de piedra las penetra y les rompe los dientes. Finalmente, los hombres se pudieron casar y tener hijos con ellas.

Del otro lado del mundo, en Madhya Pradesh, India, se cuenta la historia de una mujer cuya vagina "castiga" a los hombres amputándoles sus penes. Por ello un noble y rico señor les ordena a cuatro hombres de distintas castas violar y someter a la mujer. Uno de estos hombres inmovilizó a la chica y otro metió un pedernal, con el que tiró uno de los dientes. Otro insertó su lengua y arrancó los otros dos dientes. La joven lloró de dolor, pero fue "consolada" por el hombre noble, quien dijo que se casaría con ella de inmediato.

Historias similares se encuentran en los pueblos originarios de América del Norte y en África.

Ese temor a la "vagina dentada" de la mujer, explica Segato, sería otra piedra fundacional de lo que en la actualidad llamamos patriarcado: temor a algo perteneciente a las mujeres, un algo difuso, y la necesidad de *domesticarlas*. De ahí que la violación tenga no sólo un componente instrumental, sino también simbólico. Esta interpretación de Segato está en consonancia con algo que elabora Graves a raíz de las historias de doncellas apresadas por monstruos y luego rescatadas: que esta idea del salvador es un error. El hombre que pelea y mata a los monstruos en realidad está matando o eliminando la parte sagrada de las mujeres; esos monstruos son la emanación sobrenatural de las mujeres. Y ese héroe busca aniquilar aquello temible para poder domesticarlas a ellas.

Coyolxauhqui

En el México prehispánico, por supuesto, también hay ejemplos de mitos que comienzan a gestar órdenes patriarcales y feminicidios. Quizá el más emblemático sea el de Coyolxauhqui. Compongo aquí una versión libre:

Coatlicue era una mujer ya de cierta edad. Vivía retirada, lejos de los pueblos, en lo más alto del cerro de Coatepec,[47] en el templo. Casi pegado al inicio de las estrellas. Cada mañana contemplaba el valle, los bosques de encinos, árboles viejos de troncos nudosos, hojas crespas y aromáticas. También, los valles de pastizales altos y cardos. Más a lo lejos miraba los pueblos, las casuchas de madera y paja. Claro, podía sólo cuando se lo permitían las nubes, que solían formar un velo con textura algodonosa en la cima, y eso era otro paisaje que disfrutaba: partículas de agua y luz.

Coatlicue hacía penitencia y barría el cerro. Desde su faja, adornada de frente y retaguardia con cráneos humanos, las serpientes colgaban y se enroscaban entre sus piernas, se movían mientras ella andaba con sus grandísimos pies, sus plantas presionaban la tierra fría, sus garras la horadaban.

Por las noches Coatlicue contemplaba el cielo tachonado con la luz de sus hijos, las estrellas del sur. A veces admiraba la blanca y mortecina luz de su hija Coyolxauhqui, la más valiente y fuerte de todos sus hijos. Y la que más se le parecía: la misma cara redonda, incluso llevaba los mismos atavíos: un cráneo humano como cinturón. Coatlicue hacía penitencia. ¿De qué?, es un secreto que no sabemos; sólo sabemos que sus pechos colgaban, flácidos, como los de las perras, tras haber sido madre de tantas y tantos, y amamantarles a todos.

Traerles al mundo.

Hacerles crecer.

De niños prendados de las chichis.

A pequeños correteando entre las enaguas.

A mujeres y hombres fuertes.

Guerreros que saben de hechicerías.

De guerra.

De viajes.

Ahora Coatlicue sólo barría el cerro, espantaba el polvo de las piedras y las hojas, mantenía purísima el aguanieve en los inviernos.

Aquella mañana barría con su escoba hecha de palos de perlilla. Lo hacía con cuidado, entre los pastizales y también las rocas más altas. Dejaba aquel lugar resplandeciente cuando vio caer suavemente del cielo una pelotilla luminosa. Caía como una pluma y parecía brillar con la luz de la mañana. La tomó en su mano y la observó; efectivamente, era una bola hecha de plumas, muy suaves e iridiscentes. Le gustó mucho, pero debía seguir barriendo, así que se la guardó bajo la faja, muy cerca del regazo. Más tarde, cuando terminó sus tareas, buscó el amasijo, pero ya no estaba. ¿Lo había perdido? Pero entonces supo que había quedado de nuevo embarazada.

Coatlicue trató de guardar en secreto este embarazo. Era una grave falta hacerlo sin pareja conocida. Más una mujer de su edad, madre ya de más de 400. Su falda de corazones palpitantes se afanaba barriendo todo el cerro, pero debajo de ésta el vientre crecía. Pronto sus hijos, los 400 surianos, se percataron de la condición de su vieja madre y se sintieron muy agraviados. Coyolxauhqui, la hermana mayor, era la más enojada. No había nada más deshonroso que el hecho de que su vieja madre estuviera empreñada, otra vez, sin marido.[48] Coatlicue escuchó a sus hijos poniéndose de acuerdo para darle muerte, se alejó y fue a esconderse cerca de la presa de agua en la sierra de Coatepec. Ahí se sentó en una piedra y sólo entonces se puso a llorar. Se tocaba con ansiedad su collar de manos humanas. Pero escuchó una vocecita:

"No te preocupes, madre, yo sabré defendernos".

Desde su vientre el hijo nonato le hablaba.

Coatlicue supo que las cosas iban a estar bien y abrazó su hinchado vientre.

En eso llegó otro de sus hijos, Cuauitlícac.[49] El muchacho miró a la madre, pero inmediatamente se acercó a hablar al vientre:

—Huitzilopochtli, nuestros hermanos vienen pronto a matarles. Ya se están torciendo los cabellos para la guerra; ya han tomado sus armas.

Desde el vientre, la vocecita respondió:

—¡Oh, mi *tío*![50] Mira lo que hacen y escucha muy bien lo que dicen, porque yo sé lo que tengo que hacer.

Cuauitlícac asintió y regresó a espiar a los hermanos. Mientras Coatlicue, si bien apaciguada, seguía caminando intranquila por el cerro, esperando el destino, el suyo y el de su hijo.

Poco tiempo después, los surianos comandados por la orgullosa Coyolxauhqui emprendieron el camino. Ella iba delante de todos, muy alta y fuerte, ataviada con cascabeles dorados en sus mejillas redondas. Ellos portaban armas diversas, dardos envenenados y también papeles.

Cuauitlícac subió a la sierra a alertar a Huitzilopochtli.

—Mira bien a dónde llegan —respondió Huitzilopochtli a su tío.

—Ya están llegando a Tzompantitlan.

Tras un rato, Huitzilopochtli volvió a preguntar.

—Ya pasan por Coaxalpa.

Poco después, volvió a preguntar desde el vientre de su madre, quien ahora estaba muda y despejada de su agencia.

—Ya están por Apétlac.

Así, hasta que los surianos llegaron a mitad de la sierra. Y luego se acercaron a lo más alto del cerro de Coatepec. Y, justo cuando llegaban los surianos, él nació.

Huitzilopochtli salió del vientre de Coatlicue ya adulto. Iba completamente armado: portaba su escudo o rodela llamado *teueuelli*; un dardo y vara de color azul, y también la Xiuhcóatl, la serpiente de obsidiana o serpiente de plumas o serpiente de teas.

Huitzilopochtli frunció el temible rostro, también pintado de azul. Agitó su cabeza; el penacho de plumas que portaba se agitó como las tormentas.

Dio un paso. Su pierna izquierda era considerablemente más delgada que la otra y estaba cubierta también de plumas. Ambos muslos y los dos brazos iban pintados de color azul.

Entonces Huitzilopochtli se volteó a Tochancalqui, el fuego del hogar que mantenía a Coatlicue caliente todas las noches en la fría sierra, y le ordenó:

—¡Enciende a Xiuhcóatl!

Y le dio la serpiente.

Xiuhcóatl ardió e inmediatamente mató a cientos de los hermanos surianos. Luego, en manos de Huitzilopochtli, hirió a Coyolxauhqui.

Huitzilopochtli le sacó el corazón a su hermana, luego la decapitó. La cabeza quedó tirada en la ladera de Coatepec por un momento. El cuerpo lo aventó con fuerza, y éste rodó ladera abajo hasta el valle. En la caída, terminó hecho pedazos.[51] Su cinturón de cráneo humano, sus serpientes enroscadas entre sus extremidades, rotas.

Finalmente, Huitzilopochtli aventó la cabeza al cielo.

—¡Madre, mírala! —gritó el colibrí azul, ahora soberano y señor del sur.

Pero su madre ya no estaba para responder. Huitzilopochtli miró a todos lados. Junto a la presa, ahí yacía Coatlicue, decapitada; de su cuello brotaba la sangre en forma de dos serpientes hechas de turquesas, confrontadas, mirándose mutuamente y hacia el pasado. Estaba muerta. El futuro había nacido.[52]

> Y el dicho Uitzilopuchtli también se llamava Tetzáuitl,[53] por raçón que dezían que la dicha Coyatlicue se empreñó de una pelotilla de pluma, y no se sabía quién fue su padre. Y los dichos mexicanos lo han tenido en mucho acatamiento y le han servido en muchas cosas, y lo han tenido por dios de la guerra, porque dezían que el dicho Uitzilopuchtli les dava gran favor en la pelea. Y el orden y costumbre que tenían los mexicanos para servir y honrar al dicho Uitzilopuchtli tomaron la que se solía usar y hazer en aquella dicha sierra que se nombra Coatépec.[54]

Huitzilopochtli, este dios central en la cosmogonía mexica, tiene una base histórica identificable. Es decir, hubo efectivamente un guerrero que tuvo "problemas" no sólo con una, sino con dos hermanas o mujeres que viajaban con él, de norte a sur, en esta búsqueda de nuevas tierras.

El antropólogo Eduardo Matos Moctezuma retoma diversos testimonios de informantes sobre la historia mexica[55] y reconstruye lo que pudo haber ocurrido en algún momento previo a la llegada de los mexicas y la conquista guerrera de los pueblos asentados en el valle de Texcoco. Ésta es más o menos su versión resumida.

La historia entreverada

En la peregrinación de los pueblos del norte rumbo al sur,[56] hay varios barrios —o familias— viajando juntas. El líder de uno de ellos es un hombre llamado Huitzilopochtli. Él ha tenido ya un problema con una figura femenina de su familia, Malinalxóchitl, su hermana mayor, una mujer "de malas artes", a quien se señala como hechicera y se le atribuye la fundación de Malinalco.[57] A ella la abandona y la deja atrás.

En el mito este suceso es retratado del siguiente modo: Huitzilopochtli se les aparece en sueños a los mexicas. Por eso migran, y esta migración, este andar en tierras desconocidas, de norte a sur, ha sido arduo, duro. Han debido alimentarse de criaturas inmundas, telúricas, es decir, provenientes de la tierra. Han pasado hambre y frío. Va con ellos una hechicera, Malinalxóchitl, mujer de la hierba seca, y quiere convencerlos de que se queden ahí, en Malinalco. Ella sabe artes y hechicerías, es una nahuala.

Pero los pueblos saben que no es buena. Ya ha intentado que se queden ahí, transformándose ella misma en águila y parándose sobre un nopal, emulando así la profecía de la gente: el águila devorando la serpiente. Pero éste no es el lago prometido ni hay serpientes. Es un espejismo, un engaño.

En sueños Huitzilopochtli explica que, para que nazca el nuevo dios, aquel dios del sol y la guerra, deben seguir la peregrinación. No es válido usar hechicerías de mujeres para sobrevivir; sólo la fuerza de la guerra les dará lo prometido.

Es así como una noche el pueblo huye y abandona a la hechicera y a sus seguidores.

Históricamente, según Matos Moctezuma, cuando se encuentran en Coatepec —cerro de las serpientes—, se suscita otra confrontación con los miembros del barrio del sur, los Huitznahua, cuya líder es una guerrera de nombre Coyolxauhqui, "aquella que adorna sus mejillas con cascabeles". Los del barrio sur, los surianos, quieren quedarse ahí en Coatepec, y disputan el liderazgo a Huitzilopochtli. Esto llega a las armas y los surianos sufren una "derrota tremenda"; los matan a casi todos.

> Que Coyolxauhqui comandaba el grupo no hay duda, de ahí que se le considere "hermana mayor"; ella encabezaba la rebelión y por ello su muerte es resaltada. Pero veamos el motivo de la lucha entre quienes encabeza Coyolxauhqui y los de Huitzilopochtli. Aquí creemos que lo propuesto por Yolod González tiene sentido. Se trata de una lucha interna por el control del grupo mayor. Todo surge de un desacuerdo. Conforme a la costumbre, los vencidos en la guerra serán sacrificados y su corazón ofrendado al Sol. De ahí que se enfatice cómo Huitzilopochtli (el Sol) va a devorar los corazones de los vencidos Huitznahua. La suerte de Coyolxauhqui también será terrible: se le decapita y se le extrae el corazón, desmembrándosele. Es el destino de quienes pierden en la guerra: ser inmolados en el templo, pues no otra cosa es el Coatepec, y su corazón ofrendado al dios solar.[58]

Así, los aztecas continúan su peregrinación. Pasan entonces por Teotihuacan, conocen la cultura tolteca. Ahí reivindican esta cultura y se proclaman herederos, cambian su nombre:

mexicas. Luego llegan al lago de Texcoco y fundan Tenochtitlan.

En este trayecto, Huitzilopochtli pasará de personaje histórico a dios: el dios solar de la guerra; y con ello también convierte en diosa vencida a Coyolxauhqui, la luna, junto a sus 400 hermanos surianos, las estrellas.

Matos Moctezuma advierte cómo el mito, el orden jerárquico al interior del pueblo, alimenta y sostiene dos aspectos: el recuerdo de lo que les pasa a los disidentes (el descuartizamiento) y el orden religioso que necesita de los sacrificios para seguir reproduciendo el poder jerárquico.

Aquí valdría la pena agregar otro más: la forma en la que el dios de la guerra vence primero a su hermana hechicera Malinalxóchitl, abandonándola. El pueblo que seguirá a Huitzilopochtli, el dios de la guerra, ya no creerá en "hechicerías de mujeres". La guerra y los poderes atribuidos a lo femenino no son compatibles. Luego vencerá a su otra hermana, Coyolxauhqui, en la guerra. Y simbólicamente quizá, a su madre.

Todo ello fijó la estructura de una sociedad que da enorme importancia a la guerra, cuyo fin es alimentar a ese dios que, seguido por los guerreros abatidos en batalla, vence cada madrugada a Coyolxauhqui y los 400 surianos. Esta guerra diaria acontece para que su pueblo viva en la luz. Cada tarde cae, sin embargo, acompañado por las mujeres que han muerto en el parto; muere y viaja al inframundo. Esta sociedad transmuta de una organización matrilineal y lunar —con guerreras mujeres, representaciones femeninas fuertes y guiada por los ciclos lunares— a una patriarcal. No por maldad (las cosas no suelen empezar así), sino por necesidad: están migrando hacia el sur, siempre hacia el sur. Por hambre, por guerras, necesitan ser fuertes. Buscan prosperidad, pero los recursos considerados femeninos (la persuasión, la seducción, la hechicería) no son eficaces. Ahora son un pueblo solar cuyo núcleo de sentido es la guerra. Porque sólo la guerra hace salir al sol cada día.

Los cuentos maravillosos y la muerte de las doncellas

> Pero no sabe que, cuando una mujer desea algo, lo consigue. Por eso dijo el poeta: no te fíes de las mujeres; no des crédito a sus promesas. Su contento o su enfado depende de su sexo. Te demuestran falso cariño; la perfidia está en el interior de su traje. Ten presente la historia de José y defiéndete de sus engaños. ¿O es que no sabes que el demonio sacó a Adán del paraíso por su causa?
>
> *Las mil y una noches*

Regresemos a Europa de nuevo. Ha nacido el hijo de Dios. Un solo dios. No 10, ni 1000. Y ya no quedan diosas. Sólo quedan santas. Quedan madres de dioses. No es lo mismo ser diosa que ser la madre de uno. Las guerras han acontecido. Los imperios se han levantado y caído. De esas épocas tenemos narraciones diversas que en la actualidad llamamos simplemente "cuentos de hadas". Historias maravillosas que parecen estar dirigidas a los niños, pero que suelen dar cohesión a toda una comunidad.

La dificultad de análisis de estas historias maravillosas estriba en que no se sabe bien a qué época pertenecen; son cuentos con un origen perdido, que fueron transmitidas como historias orales, narradas frente a algún fuego o fogón, muy cercanas a las pláticas de las mujeres. Su procedencia es lejana, o no necesariamente. Quizá son relativamente modernas. Justo por esta oralidad han sido tan plásticas, maleables, cambiantes; han adoptado las necesidades narrativas, los ejemplos estéticos y políticos de cada época, pero conservan un núcleo simbólico.

A partir de la entrada de la modernidad, en Francia primero (y esto se replicará en el resto de Europa), estas historias empiezan a ser recopiladas en escritos y se cristalizan.[59] Es así como los cuentos de hadas literarios rondan las cortes francesas e italianas durante los siglos XVII y XVIII. Sus principales portavoces serían Giovanni Francesco Straparola, Giambattista Basile, Madame D'Aulnoy, Charles Perrault, Mlle. L'Héritier, Mlle. de La Force, entre otros.[60]

No sabemos el origen ni edad exacta de estas narraciones fantásticas (aunque hay elementos suficientes para presumir que al menos algunas al menos son milenarias). Sin embargo, sí podemos darnos una idea del impacto en la recepción y los referentes en Occidente conforme nos internamos en la edad moderna. Por ejemplo, advierte Barbara Mabee,[61] ya para el siglo XX, el compilado *Historias de niños y amas de casas* fue un *bestseller* en Alemania, el segundo en ventas sólo detrás de la Biblia. Fue también el segundo libro más leído cuya autoría fuese de un alemán, sólo después de *El capital*, de Marx.

En estas historias occidentales, cuyos orígenes están en el medioevo o antes, y en el Oriente, pero cuyas versiones finales son ya producto de la modernidad, el feminicidio se encuentra presente, muchas veces con el relato de alguna sobreviviente.

Podemos pensar en Barbazul (riesgo de feminicidio por parte del esposo, que ya ha asesinado a otras esposas), Caperucita Roja (violación o asesinato sexual contra una adolescente por parte del "lobo feroz"), Blancanieves (intento de feminicidio por parte de la madrastra o por la madre, y posterior feminicidio de la bruja), entre otros.

Los motivos se repiten; las cualidades de las sobrevivientes también.

Un punto por destacar en el caso de Blancanieves, junto con otro cuento, *Los zapatos rojos* (recopilado en una versión final por Hans Christian Andersen), es el hecho de "hacer bailar" a las pecadoras con zapatos malditos o diabólicos. En el primero, la madrastra es obligada a bailar con unos zapatos de hierro ardiente en la boda del príncipe con Blancanieves. En el segundo, Karen, una huérfana vanidosa que se calza los escandalosos zapatos rojos a pesar de tenerlo prohibido, termina pidiendo que le corten los pies para liberarse.

Sherezade

En esta revisión sobre el feminicidio en las historias y leyendas de Occidente no puede faltar la historia principal que da vida a *Las mil y una noches.* Y es que no se da cuenta de un feminicidio, sino de cientos, o miles, hasta que una joven llamada Sherezade se propone resolver el problema mediante un autosacrificio. Ella tiene un plan: salvarse y salvar a las demás muchachas. O perecer a manos del sultán al igual que las demás.

De acuerdo con el arabista francés Charles Pellat,[62] el testimonio más antiguo de esta colección de historias —relatos que provienen de diversas culturas: la persa, la egipcia, la árabe, entre otras— podría haber surgido entre los siglos III y IX de nuestra era en el mundo árabe. Pero es probable que tanto la historia de Sherezade como las demás sean anteriores a estas fechas. *Las mil y una noches* "llegó" a Europa ya durante la Edad Media —durante el auge del mundo musulmán—, mas es popularizada a partir de 1700, ya en plena modernidad.

En otras palabras, la historia tiene raíces en el mundo árabe desde al menos el final de la Antigüedad, pero su popularización en Europa —el centro geográfico del patriarcado occidental— viene de la mano con la imprenta y la modernidad capitalista.

La historia macro que envuelve los cuentos, la de Sherezade, es la de un rey que "perdió la confianza" en las mujeres debido a que ninguna de las que había conocido eran fieles sexualmente. Esto lo sumerge en un estado emocional depresivo, así que decide desposar cada noche a una doncella y matarla al día siguiente, y prolonga este ciclo de sexo y muerte. Así ha asesinado a casi todas las doncellas de su reino.

Sherezade es hija del visir, lo que le ha dado cierta protección para que el sultán no la despose. Es una de las últimas jóvenes casaderas que permanecen con vida. Y, aunque su padre le pide que no se case con el rey, ella desea salvar a las demás mujeres o morir en el intento. Se casa con él y, durante la noche de bodas, le narra una historia que queda inconclusa al despuntar el día. El rey, intrigado con el desenlace, pospone su decapitación una jornada más para escuchar el final. A la noche siguiente, Sherezade da fin a la historia anterior e inicia otra que de nuevo queda inconclusa… Y así por mil y una noches, tras las cuales el sultán habría sido "curado" (porque, claro, al final el hombre mata mujeres sólo por estar "atormentado"). Sherezade, por medio de su inteligencia, de su capacidad narrativa, de leer las reacciones de su esposo, lo transmuta. Lo sana. De esta forma ella salva su vida y la de las mujeres que quedaban en el reino, y queda unida a él como su legítima esposa.

Sherezade en el mundo actual es más conocida, más replicada y vigente que los mitos de Ifigenia y el primer feminicidio de la Biblia, el de la hija sin nombre de Jefté, y mucho más que la concubina del levita. Ha estado presente en la pintura, en la literatura y, ya en la sociedad de masas y espectáculo, en el cine.

También se han hecho interpretaciones o estudios feministas que destacan la solidaridad de Sherezade con las demás muchachas, así como su inteligencia para sobrevivir. Sus "tretas de débil", como escribiría Josefina Ludmer sobre las estrategias de supervivencia de las mujeres.[63] Sin embargo, creo que hay una tara o trampa que no logramos ver: se deja en manos de la víctima la agencia o el poder de salvarse por medio de su ingenio o cualidades específicas e individuales. Ella, efectivamente, prueba ser especial y diferente respecto de las otras jóvenes que la antecedieron y que fueron asesinadas. Ella se salva por su perspicacia, su inteligencia y su pureza. Además, la solución es el matrimonio y la vinculación permanente con el agresor, como las mujeres estrella o las jóvenes de vaginas dentadas después de haber sido violadas. Mujeres mutiladas por héroes antiguos que quedan unidas de por vida con un hombre que o las mutiló, o puso en riesgo su vida.

Así, sobrevivir la agresión masculina pareciera una de esas pruebas de culpabilidad o inocencia que imponían algunos cazadores de brujas: si la acusada sobrevive al martirio, es que es inocente (pero casi ninguna sobrevivía) y "Dios así lo quiso". Si muere en los tormentos, no hay nada que llorar, ya que era culpable.

Esta idea de la mujer que logra que el monstruo —o el hombre dolido— le permita vivir por ser "especial" será replicada sobre todo en el siglo XX, ya en plena sociedad de masas. Baste mencionar, como ejemplo paradigmático, *El silencio de los inocentes* (1988), novela sobre un criminal muy "carismático"[64] e inteligente, un hombre al que la opinión pública le "perdona" que sea asesino y caníbal justo por esas grandes cualidades.

Él trata de forma especial a Clarice, e incluso, al final, cuando escapa para seguir matando, la tranquiliza diciéndole que el mundo es mejor con ella viva. El argumento coincide, pues, con la narrativa que hemos visto: cuando una mujer es efectivamente víctima de asesinato o feminicidio, parecería que esto se debe a que no resulta lo suficientemente especial, bella o digna de ser salvada.

Cacería de brujas: el primer ginecocidio

> ¿Qué ha sido de vosotras? Y ¡qué bárbara transformación!... Aquella que, en el trono de Oriente, enseñó las virtudes de las plantas y el viaje de las estrellas; aquella que, junto al trípode de Delfos brillaba con el dios de la luz y daba los oráculos a un mundo de rodillas... Es la misma que mil años después es cazada como un animal salvaje, perseguida en las encrucijadas, execrada, despedazada, lapidada, sentada sobre carbones ardientes.
>
> Jules Michelet, *La bruja*

> De la maldad de las mujeres se habla en Ecclesiasticus, XXV: "No hay cabeza superior a la de una serpiente, y no hay ira superior a la de una mujer. Prefiero vivir con un león y un dragón que con una mujer malévola".
>
> Heinrich Kramer y Jacob Sprenger, 1487

Para qué contar una historia si ya sabemos cómo va a terminar.

Para qué.

Aquella tarde de septiembre de 1587, Gretel vio pasar a Walpurga Hausmannin sobre la calle principal de Dilinga, apurada, cojeando, como siempre; escupiendo y maldiciendo, como siempre. La niña no podía evitar que la cercanía de la vieja le revolviera el estómago. No soportaba el olor decrépito que despedía, así como su mal humor, a pesar de que Walpurga la trajo al mundo, del mismo modo que trajo a casi todos los niños de Dilinga,[65] al menos hasta hace unos años. Y ahora que Gretel sangraba por primera vez, en su decimotercer cumpleaños, había algo que la repelía aún más de aquella mujer.

El nacimiento de Gretel fue difícil, le contaba su madre algunas veces, cuando platicaban tras la cena, sentadas cerca del fuego, cociendo o cardando lana. Su madre pasó muchas horas, más de un día, con tanto dolor, y aunque sus caderas se abrían y quebraban, no asomaba bebé alguno por la entrepierna. Walpurga, que entonces no era tan vieja ni repulsiva, explicó a la madre que la niña venía volteada, así que echó una enorme cantidad de harina sobre su barriga. Por horas estuvo sobándola y rezando, moviendo poco a poco a la bebé, hasta que estuvo en punto. Con un cuchillo previamente quemado al rojo vivo, Walpurga realizó una pequeña incisión ahí abajo, y la madre gritó como nunca antes y se desmayó. Pero duró poco porque Walpurga le dio a oler unas sales muy fuertes y ella regresó a la conciencia, sólo para recibir la orden de pujar y expulsar de su cuerpo a aquel bulto flaco y arrugado.

Su madre se lo decía entre sonrisas: nunca había visto una bebé tan fea. Era tan delgada y alargada que parecía un atajo de ramas mojadas, con la cara azul y contraída. Ella pensó que la pequeña había nacido muerta porque tardó mucho en llorar.

Pero Walpurga no se dio por vencida, la reanimaba, le quitaba los mocos y sangre de las narices, la llamaba: "Despierta, despierta, llora, niña pequeña, tu madre se ha dejado aquí media vida". La cargaba de cabeza mientras la madre volvía a desvanecerse. Sólo después volvió a recuperar la conciencia, en el momento justo en que la mujer le acomodaba en el seno a Gretel, quien ya buscaba el rosado pezón entre las sábanas sanguinolentas que las cubrían a ambas.

"Es la única vez que la vi sonreír", le confió su madre a Gretel, una tarde en la que ambas cosían.

Algunos años después, cuando su madre esperaba otra vez a un niño, las cosas no salieron bien. Aunque el bebé nació gordo y grande —no como Gretel, flaca y esmirriada—, el cordón de carne y sangre venía fuertemente anudado a su cuello. En aquella ocasión no hubo oraciones ni sobadas que arreglaran el problema. Fritz iba a llamarse, pero nació sin vida. No hubo tiempo de bautizarlo.

Gretel, quien entonces tenía siete años, vio llorar a su madre muchas tardes después, ahogada en tristeza y rezando. Preocupada porque no alcanzaron a bautizarlo. Vio a su madre desarrollar unas oscuras ojeras hinchadas debajo de sus pálidos ojos, a la par de una tristeza infinita de la que nunca se recuperó. Aun ahora, tantos años después, y con nietos, su madre no volvía a ser la misma.

Escuchó muchas veces a su padre gritarle por no volver a ser la misma después de aquella muerte, por no aceptar la voluntad de Dios.

Fritz no vivió, pero muchos tantos nacieron con ayuda de Walpurga: sus hermanos mayores, sobrinos, incluso sus tíos y madre. Los muchachos que ahora se reunían en una esquina tras trabajar en el mercado, al caer la tarde. Y que ahora perseguían a la vieja cuando ésta pasaba, gritando y aventándole cosas.

Quizá era eso lo que no le gustaba de Walpurga. Saber que había estado en esos momentos de dolor y de muerte. Pero también, y simplemente, su olor le desagradaba. Su mirada hosca y agresiva le daba miedo; sus escupitajos.

Ver a los muchachos seguirla cada tarde gritándole: "¡Vieja bruja!".

En una ocasión, harta, Walpurga volteó hacia ellos y, con su rostro espantoso y contorsionado, les gritó lo que parecía una maldición, una condena al sufrimiento, un grito de loca, y escupió al suelo.

Los muchachos se detuvieron. Y se alejaron, no sin antes gritarle y aventarle alguna porquería.

Aquella vez, Gretel sintió vergüenza. Sobre todo porque su madre seguía regalando algunas hierbas del huerto a la mujer.

Su madre le explicaba que así solían ser las viejas, que conforme más grandes eran, más malhumoradas, más impacientes, más malolientes. Le contó que a su madre, la abuela de Gretel, Gertrudis, le había pasado lo mismo. A diferencia de Walpurga, quien era flaca y seca como una vara, Gertrudis se había hinchado con la edad. Sus piernas se convirtieron paulatinamente en dos columnas gruesas e inflexibles cruzadas por venas y moretones. Estaban tan hinchadas y duras y, sin embargo, eran incapaces de sostenerla. El final de sus días la abuela los pasó sin poder levantarse de su jergón, entre su propia porquería. Walpurga estuvo ahí también, cuando recién había enviudado y aprendía la labor de curar. Estuvo ahí muchos días, ayudando a limpiar, dando algunos mejunjes y masajes que aliviaban el dolor de la madre. Por todo eso, le explicaba la madre, había que tolerar las excentricidades y francas groserías de la vieja Walpurga.

"Ya está vieja, pero quiso a tu abuela y a ti te trajo al mundo", resumía.

Pero, un día, el oficial de la aldea, que había perdido a su hijo ocho años atrás, la denunció por bruja.

A la vieja se la llevaron y la encerraron. Durante varios días los hombres santos la atormentaron santamente. Le cortaron la mano izquierda. Con el dolor, vino una memoria delirante. Sí, claro que ella había matado a todos los niños que murieron en el parto durante sus 30 años de practicar la partería, a aquellos que murieron en la primera infancia, por hambre o por enfermedad. Aquellos que murieron en el vientre de sus madres, que apenas eran una pelotita sanguinolenta. Ella los mataba para satisfacer a su amante diablo, de nombre Federlin. Un hombre joven y hermoso que fornicaba con ella y le daba delicias para comer. Cuando recién había enviudado y buscaba ganarse la vida, decidió vender caricias. Necesitaba el dinero.

Un muchacho con el que trabajaba cosechando maíz le ofreció algunas monedas a cambio de lo que ella guardaba bajo la falda, y ella aceptó.

Acordaron verse en la choza de ella después del trabajo, pero en su lugar llegó un diablo llamado Federlin. Le ofreció el mundo entero, pero sobre todo algo bien concreto: que ella ya no sufriera pobreza. Fornicaron, ella comió bebés rostizados. Él la llevó frente al mismísimo diablo, al de verdad: un hombre altísimo, lujosamente ataviado, hermoso. Éste la golpeó una vez por mencionar a Jesús, pero le perdonaban sus errores.

Federlin le dio un ungüento con el cual ella podría asesinar a niños, enfermar adultos, matar animales y malograr cosechas. Ella así hizo el mal durante 30 años.

—Pero ¿cómo podía ser bruja y a la vez comulgar con todos en la iglesia? —preguntó una mujer en el mercado cuando hablaba la madre de Gretel.

—Es que guardaba la hostia en la boca, y la guardaba ahí hasta que llegaba con su amante Federlin. Entonces la escupía y se burlaban de Dios —contestó alguien.

Al juicio y la ejecución no sólo asistieron las autoridades locales. También vino el arzobispo y la Corte imperial. La pequeña propiedad de Walpurga fue confiscada: su choza, los animales que tenía, las pocas monedas. Los hombres de Dios la hicieron caminar por la ciudad. En cinco esquinas de la ciudad la detuvieron. En la primera esquina la desnudaron y con unas pinzas le arrancaron el pecho izquierdo. Así en cinco ocasiones. La última justo en el lugar en el que recibió su licencia de partera. Ahí le arrancaron el otro seno, ese pellejo viejo y reseco que a nadie servía ya.

Ahí estaba Gretel mirando, impávida, al lado de su madre. Tras los gritos de dolor, Gretel de pronto se sintió como en un sueño. Estaba y no estaba. Miraba todo como a través de un velo. Los gritos se alejaban y no la alcanzaban; ella miraba a su madre, al lado de ella, pálida como la vez que perdió a su niño. La vio sudorosa, aterrorizada. Se miraron. Luego un ruido las alertó: los muchachos que siempre molestaban a Walpurga las miraban y reían. Su madre entonces recogió porquería del suelo y comenzó a gritar:

—¡Bruja! ¡Fuego a la bruja!

Gretel también recogió basura del suelo y la aventó.

—¡Muérete, bruja!

Aquella tarde, llegaron madre e hija a casa, exhaustas, con los ojos resecos por la hoguera en la que vieron arder a Walpurga. El olor de la carne quemada invadía todo: su ropa, cabellos; tragaban saliva y ahí sentían la pestilencia, en sus gargantas. Ninguna habló mientras servían la cena al padre y los hermanos. El padre dijo que de seguro sus hijos muertos perecieron por culpa de la bruja.

La mano de la madre temblaba mientras servía la sopa. El padre miró la cuchara derramando torpemente y agregó: había sido culpa de ella también, por confiar. Gretel sintió una descarga fría por toda su columna. ¿Su madre estaba en peligro? Al fin y al cabo cuántas veces no le había obsequiado vegetales o un poco de leche a la vieja. Por la noche Gretel no pegó el ojo abrazando a su madre ¿Era en verdad una bruja?

Gretel no pudo cenar aquella noche, ni la siguiente o la siguiente.

Pero su madre comenzó a llevarla a la iglesia. Por la noche, su madre, quien tanto había defendido a Walpurga, ahora hablaba mal de ella. Gretel sabía en el fondo que todo esto era un espectáculo para su padre y hermanos. Y ella la imitó. Las historias se fueron modificando. Gretel había sobrevivido a pesar de Walpurga, no gracias a ella. Sobrevivió porque su madre se encomendó a Dios, por la cruz sobre el lecho, por las bendiciones de los santos.

Y Gretel creció. Y un día un joven, cuyo padre era dueño de una posada en las afueras del pueblo, la pidió en matrimonio. Ella dijo que sí. Tuvo hijos. Dios la bendijo con muchos hijos, que parió en casa con el médico. Y cuando éstos crecieron ella les contaba de Warpulga, la temible bruja que mataba a los niños y bebía su sangre…

* * *

Es sólo un cuento. Basado en la historia verdadera de Walpurga, una partera que, después de haber traído niños al mundo durante 30 años, fue acusada de brujería. Ella, durante las interminables torturas, dijo que sí a todo: sí tenía sexo con un diablo, sí mataba a niños en el parto o cuando enfermaban, sí secaba cosechas y aniquilaba animales. Durante años Baviera se entretuvo contando las atrocidades sexuales que la pobre mujer confesó bajo tortura. Como Walpurga hubo miles, probablemente millones de mujeres torturadas y asesinadas a la llegada de la modernidad. Es precisamente ésta y el capitalismo los que desatan en Occidente lo que algunos autores han llamado "el mayor asesinato en masa, en Europa, no causado por una guerra".[66]

Por lo poco que se sabe de los primeros siglos de la Edad Media, había cierta tolerancia a las prácticas paganas y las mujeres tenían una participación importante en algunos oficios y gozaban de cierta agencia económica. Además, la partería y el cuidado del ciclo sexual y reproductivo de las mujeres estaba a cargo de las curanderas. Esto incluía el control natal y la interrupción del embarazo, con el cual los primeros cristianos tenían una actitud más transigente.

En los primeros siglos de cristiandad, el aborto era considerado un pecado de origen sexual, no un pecado contra la vida. Es decir, era evidencia de que una pareja había tenido sexo sin la finalidad de procrear; era un pecado de fornicación.[67] Sobre si el aborto era además un homicidio, no había consenso. Las opiniones se dividían: había teólogos que consideraban que no, y otros que sí.

Para san Agustín (354-430 d. C.), el alma humana llegaría al vientre de la mujer sólo después de 45 días desde la concepción. Ya en las postrimerías de la Edad Media, santo Tomás de Aquino (1225-1274) decía que el alma humana sólo estaba cuando el embrión ya contaba con forma humana.

Durante los 900 años que duró la Edad Media, hubo cambios, pero la mayoría de los pensadores consideraban que si un aborto se efectuaba durante los primeros días no se cometía realmente un homicidio; sólo el pecado sexual. E incluso cuando se trataba de un aborto en estadios avanzados, cuando el feto ya tenía forma humana o cuando se cometía un infanticidio, se ponderaba si la mujer lo había hecho porque no podría alimentar a la criatura —lo que era una atenuante— o si trataba de encubrir un pecado sexual.[68] En resumen, la poca documentación disponible sugiere que, si bien el aborto estaba penado, o al menos moralmente condenado, era considerado, en la mayoría de los casos, un delito menor.

Sin embargo, a partir del siglo XIII, con el arribo de la modernidad,[69] "la Iglesia cristiana inició entonces la búsqueda incansable de infractores a la sentencia bíblica para exigirles que abandonaran sus prácticas heréticas por vía del arrepentimiento". Y "el camino que usó fue el establecimiento de la Santa Inquisición en 1231 por el papa Gregorio IX".[70]

Ahí se inauguró un capítulo inédito en violencia feminicida. Pero el siglo cumbre en cacería, tortura —sobre todo sexual— y quema de "brujas" fue el XVI. En Europa, entre las primeras décadas del siglo XIV y hasta 1650, entre 200 mil y 500 mil personas fueron "ejecutadas" por brujería. De éstas, el 85% eran mujeres.[71] Antes de la muerte, eran atormentadas, y muchas de estas torturas eran sexuales, mutilaciones y laceraciones en el cuerpo, particularmente en zonas erógenas, en los genitales y en los pechos femeninos, como apunta Anne Llewellyn Barstow.[72]

Barstow fue una de las primeras académicas en estudiar la cacería de brujas bajo una perspectiva de género. En *Witchcraze*

(1994), la autora enuncia los estudios previos al suyo y le sorprende que, a pesar de que la mayoría de las personas quemadas por brujería eran mujeres, los académicos omiten preguntarse por el sexo de las víctimas, y las pocas veces que lo hacen concluyen que no es relevante. Otro hecho desconcertante es la naturaleza sexual de la violencia que los hombres de la Inquisición ejercen contra las mujeres: violencia contra sus órganos reproductores, la vulva, la vagina, los senos...

Para entender el porqué de esta omisión en reconocer el sexo de las víctimas quizá sea útil acudir a Jules Michelet, historiador francés y pionero en rescatar la historia de la brujería desde una perspectiva que ahora podríamos llamar feminista.

La sorcière, publicado en 1846, fue en su momento lo que hoy llamaríamos un *bestseller* (los 8 mil ejemplares del primer tiraje se agotaron con velocidad). Su popularidad fue de la mano del escándalo tanto en la academia como en la sociedad. Los pares académicos del historiador criticaron a Michelet por ser "poco riguroso" en su investigación e inventar un texto "poético" que trata de entender el mito femenino de 300 años de duración que engloba "la bruja". Y más imperdonable aún, Michelet tomó partido por la bruja, no por sus cazadores, lo que le mereció críticas muy fuertes.

El enunciado que subyace a lo largo de toda la obra de Michelet es el siguiente: la bruja ha curado a los enfermos del continente por mil años. Y en las aldeas se le teme y se le valora a la vez (esa tercera fase de la mujer que rescata Graves: *the crone)*. Además, la bruja se vuelve bruja por hartazgo de una situación de injusticia, de pobreza, de sumisión: "La bruja crea el porvenir. Más que Circe, más que Medea, tiene en la mano la varita mágica del milagro natural, y por ayuda y hermana, a la naturaleza".[73]

Pero, con la modernidad, a la bruja se le deja de tolerar y acudir; ahora se le quema y se le tortura sexualmente; se le acusa de tener sexo con íncubos, con bestias. Se habla mucho de sexo, demasiado, pero ya no con humor como antes, sino con vergüenza y espanto. A la bruja se le acusa de seducir a jóvenes, que fornica *sin concebir*, que mata a los niños en el vientre de sus madres...

En este proceso de modernización, se entreveran varios fenómenos. Por un lado, que en los Estados y poderes políticos nacientes necesitan aniquilar los restos de cultos precristianos.[74] Barstow atribuye también la violencia a que la justicia pasa de un modelo restaurativo a uno inquisitorial. El primero era realizado en el seno de las comunidades agrarias, donde las personas que cometen un crimen o violan una ley son juzgadas por sus vecinos y familiares. En el segundo, en cambio, el Estado avasalla todo aquello que contravenga su poder. Es decir, hay una concentración de poder que estrangula cualquier agencia campesina que existiera previamente.

Además, lo que hoy llamamos salud reproductiva, pasa de las comadronas al poder masculino. La propia Walpurga,[75] la mujer con la que iniciamos este apartado, fue una mujer de avanzada edad que había sido la curandera de su pueblo durante casi tres décadas, trajo a los hijos de todos en la región y cuando ya se deslizaba a la vejez fue acusada de matar a un bebé de cuyo parto ella se encargó ocho años antes de la denuncia. Walpurga, había dejado de ser útil a su comunidad, y fue acusada por las personas a las que antes sirvió. Pasó de curandera, partera y sabia a bruja. Y en el proceso fue torturada sexualmente. La autoridad le retorció los senos con pinzas ardientes antes de matarla en la hoguera.

Silvia Federici[76] vincula la cacería de brujas con la acumulación originaria de capital, que a su vez *da a luz* a la modernidad y el capitalismo en Europa. La modernidad requiere que las mujeres lleven a cabo el trabajo de cuidados, es decir, se dediquen por completo al hogar. Así que ellas pierden paulatinamente la poca o mucha agencia que tenían durante la Edad Media: las pequeñas labores de tejido pagadas, los campos labrados en comunidad, cierto control sobre su cuerpo y su vida reproductiva. Pero, sobre todo, los conocimientos sobre sus cuerpos: con las curanderas, acusadas de ser brujas y exterminadas, muere la sabiduría de la salud femenina. Las mujeres ahora deberán ir con un médico hombre, ser examinadas por él, quien tiene el poder de diagnosticar y clasificar. Ahora las mujeres deberán parir en la postura más cómoda para el hombre.

A la par, narrativamente ocurre otro fenómeno: la irrupción de la modernidad propicia una popularización de la tortura sexual y los feminicidios públicos. En *Malleus Maleficarum*[77] se advierte expresamente que las mujeres son más propensas a ser seducidas por el diablo y, a su vez, propician la "perdición" de otras mujeres y hombres. Así que su asesinato es público, para educar a la población.

Los inquisidores torturan sexualmente a las mujeres en nombre de Dios. En la representación predominante —la bruja en la hoguera— no hay víctimas inocentes asesinadas por hombres; tampoco son vírgenes que deben ser sacrificadas a los dioses. Las mujeres agredidas entrañan un peligro demoniaco. Entre la bruja de la modernidad y los monstruos femeninos de la Antigüedad hay una diferencia: no se trata de despojar de los poderes temibles a las mujeres y "domarlas" para casarse con ellas. Sino que hay un efectivo exterminio de toda mujer que no se ajuste al ideal cristiano o que ya no sirva u obstaculice el nuevo orden económico. Es una limpieza de la población que sobra: mujeres viejas, locas o libres.

Quizá por eso, en esta época, las narrativas sobre mujeres que son salvadas de un feminicidio deben justificar que sigan vivas. Y quizá de ahí provenga la popularización de Sherezade en las postrimerías medievales.

Quizá.

Pasado el siglo XVI la cacería de brujas decaerá. Sin embargo —y esto es sólo una propuesta, una hipótesis por comprobar—, ha dejado una impronta en las narrativas y representaciones de las mujeres asesinadas en la literatura, en la prensa y la cultura de masas. Una que se dejó ver de forma intensa en el gótico y las historias de fantasmas.

Heroínas que huyen de villanos mientras escapan entre paisajes fantásticos[78]

Sábado, 22 de enero de 1791
Clerkenwell, Londres

Por favor, Dios, que mis padres nunca lean este diario. Que mi madre nunca levante la tabla del piso bajo la que lo escondo. Hoy fui con mi querida Clara al Garden Literary Exchange, la biblioteca circulante sobre la imprenta de Hatton Garden. El día era frío y húmedo. Cuando regresé a casa me dolían los huesos y ni siquiera sentía los dedos de las manos, pero ¡vaya que valió la pena!; había esperado toda la semana con ansias este día.

La madre de Clara tiene una suscripción ahí y la usa para leer libros de historia, sermones, títulos como *El poder de la religión en la mente*, y muchos manuales de hogar. Ha sacado varias veces *El arte de la cocina hecho sencillo y fácil*, de Hanna Glasse. "Como si las mujeres de Inglaterra no hubieran estado cocinando con ese libro por casi 50 años", dice C., siendo un poco cruel con su madre, quien, sin embargo, le ha prestado su tarjeta de suscripción. Supuestamente no le permite leer aquellos libros que realmente nos interesan, pero mi C. siempre ha sabido cómo sortear las reglas y salirse con la suya. "Mi madre nunca revisa lo que saco, siempre y cuando le diga que es para practicar mi traducción de francés y después le presente algunas fojas que ella nunca podrá leer", me dijo, riéndose por lo bajo. Sí. A veces las hijas somos crueles.

Tras subir los estrechos escalones, abrir la gastada puerta y hacer sonar la campanilla, ingresamos a la bóveda del tesoro de Alibaba y los 40 ladrones: maravillosa y llena de tesoros y peligros por igual. Es en sí muy pequeña, una sola habitación larga y estrecha. Las estanterías están repletas de volúmenes gastados, con los lomos agrietados y los títulos en letras de oro ya desvanecidas. Pero hay más libros por todas partes, apilados como torres. El ambiente está un poco viciado y huele a polvo y papel viejo, así como a la pipa rancia de míster Selby, el dueño. Éste es un hombre serio, de largas patillas y nariz roja y bulbosa. Él mismo parece salido de uno de los libros de cuentos para asustar a los niños. Apenas mira a las muchachas que entran, salvo que rían demasiado fuerte.

Clara preguntó por *La doncella velada*, que, sabía, habían devuelto el día anterior. "Está en el fondo," murmuró el bibliotecario. Sólo entonces el hombre alzó los ojos y la miró escrutándola detrás de sus gruesas gafas, "pero no es lo que su madre aprobaría".

Clara guardó silencio unos momentos y con su mejor cara respondió:

"Me llevaré *La recompensa del pastor* y *Las estaciones*, de Thomson". El hombre indicó el estante de poesía y de libros piadosos. Cuando se volteó mi amiga me guiñó un ojo.

A la salida de ahí fuimos al parque. Nos sentamos en una banca y con dedos ateridos sacamos los libros de la cesta. Entre las páginas de *La recompensa del pastor*, cuidadosamente escondido ¡estaba *La doncella velada*!

"¡Clara!", le espeté, "esto nos meterá en problemas". "Lo devolveré en cuanto lo terminemos", dijo. "Nadie se dará cuenta". La portada es escandalosa. El dibujo de una joven dormida portando un camisón demasiado ligero, mientras un hombre se inclina sobre ella con un puñal en la mano. Reímos y en voz baja empezamos la lectura, susurrando sobre las páginas como verdaderas conspiradoras sicilianas. Las páginas conservaban algunos pétalos de rosas, como láminas de papel arroz, viejos y secos. Imaginé a la mujer que leyó el libro antes, una joven como nosotras, quizá la rica heredera de un castillo, con el rostro tras un grueso velo para ocultar su origen y escapar de sus asesinos.

Pasamos casi toda la tarde ahí, ateridas, tuve que dar tres vueltas al chal mientras leíamos en voz baja, hasta que encendieron las lámparas de gas.

Sólo entonces corrimos a nuestras casas.

Ha sido divertidísimo.

14 de febrero de 1791

Ya ha pasado la hora de dormir. El fuego se ha consumido casi por completo y mamá ha subido a acostarse. Escribo a la luz de las pocas brasas que continúan. El señor Atkins vino esta tarde a tomar el té y revisar los libros con papá. Mi pobre madre sacó la última reserva de té bohea y nuestras mejores pastitas de mantequilla. Las próximas semanas sólo habrá manzanilla o romero y galletas de sal. Adiós a nuestro pequeño placer. Mi papá y su jefe se sentaron en el despacho, hablando de barcos y registros y por lo que pude entender hay un gran desorden en las cuentas del almacén. Yo fingía remendar calcetines en un rincón junto al fuego en el saloncito, pero ellos dejaron la puerta abierta y el señor Atkins habla en voz tan alta —y no siempre con delicadeza— que no era difícil escuchar sobre el problema de los libros de Mather & Co.

Por lo que pude entender, de la decena de contables contratados, no se hace uno. Al final todo el trabajo recae sobre papá, que ya no es joven. El señor Atkins bromeó que quizá debería contratar algunas institutrices para llevar los libros. Que las muchachas, aunque saben poco de números y barcos, son ordenadas y menos aficionadas a la cerveza. Ambos rieron por lo alto. Por supuesto, inmediatamente añadió que no hay lugar para muchachas en una oficina. La convertirían en un mercado, exclamó.

Pero entonces, mi padre dijo: "Mi Eleanor tiene tanta o mejor cabeza para los números que la mayoría de los contables nuevos".

Esto me sorprendió. Nunca había escuchado a papá expresarse de mí con otro hombre. No sabía que tenía esa opinión, me sentí muy orgullosa. Me pregunto, si hubiera nacido hombre, ¿estaría ahora en su despacho, con el libro de cuentas abierto trabajando con padre?

Pero soy mujer y mi camino es otro. Mamá no para de hablar de posibles pretendientes. Y en particular, precisamente del hijo del señor Atkins. De hecho, hace un rato cuando aquél se retiró, mi madre volvió a mencionar el tema con tono sugerente. Ay, y conozco esa mirada.

No había tenido tiempo de escribirlo en el diario. Fue la semana pasada. Papá debía quedarse en el despacho toda la tarde, un asunto urgente, dijo, y no tendría tiempo de volver a casa a almorzar. Así que mamá me envió con un pequeño almuerzo: pan, carne fría, queso y un poco de mermelada.

Llegué al edificio, subí por las escaleras, intentando no parecer demasiado fuera de lugar, y al fondo del pasillo vi la puerta entornada del despacho, y justo cuando iba a llamar, él abrió la puerta violentamente.

Ahí estaba el hijo del señor Atkins.

Casi caigo al suelo con el almuerzo de padre.

Por supuesto ya lo conocía, pero aquella tarde lo vi más de cerca, bajo la luz pálida de febrero. Sus ojos son muy grandes, redondos, de un azul tan deslavado que parecen acuarelas diluidas. Luego su cabello rubio, casi blanco, con entradas demasiado pronunciadas para un hombre de 28 años. Me miró con una intensidad silenciosa, demasiado prolongada para ser accidental. No dijo nada, sólo asintió con un gesto que no supe si tomar por cortesía o escrutinio. Pero algo había en su actitud, una prepotencia, no lo sé explicar. Mamá siempre dice que no me haga historias en la cabeza. Pero algo en su expresión me repelió. Y entonces, sin más, pasó junto a mí, casi tirándome y se perdió por el pasillo.

Sentí el calor subir a mis mejillas y no supe si era por vergüenza o desagrado.

Días después, mientras hacíamos encaje, mamá me comentó —como si fuera cualquier cosa— que el joven Atkins había "hecho una observación muy halagadora" sobre mí, que se lo había dicho a su padre, y éste a su vez comentó algo a la familia. Lo relató con un tono casual, pero por supuesto que esperaba mi reacción. Resistí hacer cualquier comentario y seguí bordando el encaje. Si le dijera llanamente lo que siento, que no me siento atraída, se enfadaría. Estoy tan cansada de escuchar lo importante que es planear mi futuro, mis puntos a favor y en contra para realizar un matrimonio ventajoso. Y claro que ella piensa que un matrimonio con el joven Atkins sería ventajosísimo.

A mí me revuelve la idea. No me agrada. Tiene la misma voz fuerte de su padre, que me altera completamente. Percibo en él algo que me da miedo, algo que susurra la palabra "crueldad". Es demasiado delgado, demasiado rubio. Sé que no debería fijarme en esas cosas. Pero ¿cómo hacerme a la idea de traer al mundo a los hijos de alguien que apenas conozco y que, además, por lo poco que conozco, no me agrada, me da un poco de miedo?

Pero Mamá no para de repetirme mi situación, que mi dote es muy modesta, y que una vez que cumpla los veinte, cada año que pase significará menos posibilidades. Ahora estás en la flor de tu belleza, me dice.

Si tuviera más de dote, no sentiría miedo por mi futuro, ¡y a la vez sí! Esto significaría estar más cerca de casarme. Por primera vez, mamá ha contemplado la posibilidad de enviarme una temporada con Mrs. Smith como institutriz, para aumentar mis ahorros. Y sí, quisiera ganar un poco más de dinero y aumentar mi dote.

Debo confesar —oh, dios, perdóname por lo que escribiré, y por favor nunca, nunca, permitas que mamá encuentre este diario—, mi corazón salta cuando veo a Thomas Littleton. Su cabello, sus labios... pero mis padres jamás aprobarían. Un vulgar impresor, sin dinero y poca educación. Jamás. Me siento atrapada, como la propia Lisandra... Otra confesión, *El Castillo de Morwain* ha sido la historia que más he disfrutado en la vida. Y sé que no debería. A continuación, transcribo uno de los pasajes que más me impresionó, antes de que C. devuelva el libro, porque no sé si tendré de nuevo una copia en mis manos.

> El eco de sus pasos se deshacía contra la piedra húmeda, que resonaba como una condena de muerte en los túneles debajo del castillo, Lisandra descendía casi a ciegas, el pabilo de la vela despedía una lucecita oscilante que amenazaba a cada momento con extinguirse para siempre y dejarla ahí, en completa oscuridad. Pero no podía regresar. Su aliento entrecortado resonaba con eco, también magnificado por las catacumbas. su corazón golpeaba su pecho como un tambor frenético. A cada tanto, se volvía, creía escuchar los pasos del barón Deverell. Ella sabía que la perseguía.
>
> Ahora, en la oscuridad se preguntaba, ¿por qué su tía no la protegió? ¿Por qué la entregó a este supuesto amigo de la fa-

milia como su guardián, quien tras la muerte sospechosa de la baronesa, pretendía casarse a la fuerza con ella y quitarle su herencia? Ella sabía que, si no aceptaba ser suya, él la tomaría por la fuerza, deshonrándola, y luego la obligaría a firmar. Y luego, si no complacía sus mínimos deseos, quizá moriría como la primera.

Se estremeció. Siguió caminando de puntillas, aunque el eco de sus pasos probablemente llegaba al barón. Continuó con tembloroso esfuerzo hasta que logró cruzar el mausoleo. Se imaginaba que los muertos, todos ellos estirpe del barón, y ¡de ella misma!, como había logrado descubrir, se levantarían de sus camas de piedra. ¿A quién ayudarían? ¿A ella, heredera, pero siendo mujer, al fin y al cabo, o a él, patriarca desde hacía 20 años? En eso recordó las palabras de su padre:

"Hija mía, incluso en la tiniebla, la razón debe ser nuestra lámpara. El miedo jamás debe gobernar a una mente disciplinada."

El recuerdo de su padre la determinó a seguir caminando, y salir de aquel temible lugar. Estaba fuera del castillo. ¿Pero a dónde iría? Se desplegaban los bosques, oscuros y llenos de peligros. Y ahí oculto, la figura de siempre. Había pensado, todas aquellas veces que lo miró desde su ventana, que se trataba de un espectro. Pero no. Era un hombre. Sus ojos, semivelados tras la capucha, parecían carbones encendidos. Él alzó una mano, en silencio, invitándola a reunirse con él. No habló, como si supiera que las palabras romperían el momento. Pero, quedaba la pregunta: ¿era amigo o enemigo?

En eso, detrás de ella escuchó la dulzona y falsa voz del barón.

—Querida, estás perdiendo la razón. Regresa a tus aposentos. Todo se verá mejor mañana.

Ella debía decidir: confiar en el desconocido del bosque o enfrentar sola a Lucien… y su destino sellado.

Lisandra quedó paralizada un momento.

Y luego, sin pensarlo, corrió en dirección del desconocido, y los bosques.

Ah, si fuera como Lisandra, para huir de mi enemigo. Las últimas brasas se extinguen, apenas puedo escribir estas líneas. Me voy a dormir.

E.H.

* * *

De acuerdo con registros históricos, la quema de brujas en Europa cae en declive en el siglo XVI. Para los siglos XVII y XVIII se da la Ilustración, el imperio de la razón, y con ello, también la popularidad de los cuentos de fantasmas. Para mediados y finales del o XVIII, la luz de la razón se empieza agestar un fenómeno literario que particularmente interesado en violencia contra mujeres: la literatura gótica: violencia sexual, fantasmas y hechizos, muerte y sexo en castillos encantados y decadentes.

En *Perils of the night. A Feminist study of Nineteenth-Century Gothic*, Eugenia Delamotte advierte un aspecto que muchas veces es pasado por alto: en aquellos primeros años el gótico fue escrito y leído en su mayoría por mujeres, y sus protagonistas eran mujeres. La académica se pregunta por el hecho de que tantas escritoras de los 1780 a los 1820 encontraron su voz en lo que llama "la pesadilla gótica" y destaca algo que usualmente fue pasado por alto pero que debía haber sido obvio: una inmensa mayoría de los argumentos de estos libros tratan sobre mujeres encerradas que no pueden salir de sus casas. Tiene otra característica que nos interesa: es uno de los primeros géneros literarios, populares, ya que sus obras las imprimieron, distribuyeron y consumieron de forma masiva por diferentes clases sociales.[79] Estos nuevos géneros "femeninos" hablan de fantasmas o de crímenes sexuales, y cuya composición evoca la reunión de mujeres de todas las edades, con sus niños, alrededor del fuego. Es en esta dinámica de leyenda oral que la literatura es alcanzada por temas y subjetividades femeninas. Más adelante, Ann Radcliffe popularizaría nuevos motivos y recursos de tal manera, que para académicas como Delamotte, es esta autora quien ensambla las piezas del gótico. Los temas: doncellas perseguidas por villanos que amenazan su seguridad, que destilan posible violencia sexual, y también (aunque al menos hasta donde hallé a través de mis lecturas no ha sido tan estudiado académicamente) implican un riesgo económico. Pienso en Emily St. Aubert, la heroína de *Los misterios de Udolpho,* en riesgo de agresión sexual, de un matrimonio a la fuerza, y también del peligro constante de ser despojada de la moderada herencia que le ha dejado su padre. Pero al final, el despliegue de todas estas ansiedades se resuelve de forma favorable, un final feliz usualmente era el desenlace que Radcliffe obsequiaba a sus lectoras: mujeres como ellas que tras los peligros y el sufrimiento experimentados, obtienen el amor, y la seguridad de un hogar sólido y estable.

El gótico de Radcliffe detonó una oleada de novelas similares, que gozaron de mucha popularidad, pero también de muchas críticas. "Reforzando así la idea de que las mujeres tienen una fascinación particular con este contenido" Di Carluccio toma esto como indicio de que el interés por lo macabro no se trata de "un fenómeno moderno, sino uno persistente a lo largo de los siglos".[80]

La conformación de un gusto femenino por lo macabro, lo sobrenatural, entonces se iría al menos haciendo evidente a lo largo de estos siglos, XVIII y XIX.

El monje, publicada en 1796 por Matthew Lewis (quien escribió esta obra sin haber cumplido siquiera los 21 años) es para algunos expertos[81] la obra cumbre de la novela gótica, o al menos eso se repite en las solapas de los ejemplares vendidos hasta la fecha. Esta novela encarna con mucha claridad la relación entre el deseo sexual, la violación y el feminicidio, desde una visión masculina. A diferencia de Radcliffe, quien suele acomodar un desenlace feliz a sus heroínas, los escritores masculinos del gótico son más inclementes. En *El monje* dos mujeres que representan los dos rostros del asesinato de mujeres: el de Antonia, la víctima pura, y el de Matilda, la bruja-demonio que debe ser exterminada.

Antonia, la heroína, es una adolescente de enorme belleza (no podía serlo de otra forma) y de alma pura "que nada sabe del mundo". Con 16 años, se enamora de un joven al que ve en la iglesia. Pero hay un monje católico que la desea sexualmente. Su nombre es Ambrosio, como la ambrosía que usaban las brujas ahora extintas, y, empujado precisamente por una bruja que "lo corrompe", rapta a Antonia, la viola y la mata. Antonia sólo logra vivir lo suficiente para morir en brazos de su amado y decirle que prefiere la muerte a la vida, porque ahora, deshonrada, no podrá ser una buena esposa para él.

Matilda, en cambio, es la mujer que corrompe a Ambrosio. Al principio de la novela se presenta como un muchacho seminarista, pero, poco después, revela su identidad a Ambrosio, y le explica que se ha disfrazado para entrar al monasterio y estar cerca de él. Se le entrega sexualmente y Ambrosio así viola sus votos religiosos. Cuando él se harta de ella y la rechaza, entonces Matilda lo ayuda a raptar a Antonia y mancillarla. Al final, antes de ser ejecutada por sus crímenes, Matilda dice que vende su alma para escapar de la muerte y se vuelve bruja, aunque finalmente nos enteramos de que siempre se ha tratado de un demonio disfrazado de mujer.

Algo que sorprende de esta historia, al menos de primera instancia, es que, a diferencia de los relatos del amor interdicto del Medievo (en los que los amantes mueren juntos o viven eternamente desdichados), al poquísimo tiempo de la muerte de Antonia, el héroe de la novela —quien amaba a Antonia y la pretende castamente durante toda la novela— se casa con otra muchacha, y ambos honran y adoran a la muerta Antonia. Esta última queda como un símbolo sacrificial, puro e intocado, en el cielo. El personaje de Antonia sufre la mistificación propia de la "buena víctima", que queda "arriba" de los problemas de la tierra, como una mártir o santa, por lo que el crimen cometido contra ella parece dejar de molestar la conciencia de las personas que quedan en el plano terrestre.

Tras esta novela, llega el siglo XIX, el del romanticismo: monstruos, apariciones, subjetividad, más amores interdictos, vampiros y doncellas asesinadas.

Como representante tenemos, por supuesto, a Elizabeth, la prometida de Víctor en *Frankenstein*, publicada por primera vez en 1818,[82] asesinada tras su noche de bodas. Está también Lucy, la mejor amiga de Wilhelmina Murray, Mina, en *Drácula* (1897), seducida, poseída e infectada de vampirismo. Mina a su vez juega el papel de la víctima que es rescatada de la perdición por los hombres a su alrededor. Es en esta centuria que Allan Poe escribe su *Método de composición*, y afirma que "la muerte de una mujer hermosa es, sin duda, el tema más poético del mundo".

Por otro lado, en el realismo, también encontramos el feminicidio como motivo. En Estados Unidos, por ejemplo, durante las primeras décadas del siglo XIX, los diarios reportan varios feminicidios de mujeres jóvenes y hermosas, hecho que a su vez permea en las narrativas literarias que se vuelven muy populares entre los lectores.[83] Esto constituirá el siguiente motivo literario: el de "la hermosa mujer víctima de asesinato".

En Francia, Honoré de Balzac publica *La muchacha de los ojos de oro* por primera vez en 1835. Ahí narra la historia de una esclava sexual que es disputada por dos medios hermanos, una joven y un muchacho. Al final es la hermana quien asesina a la esclava por celos. En fechas similares, 1837, en Inglaterra ubicamos el personaje de Nancy en *Oliver Twist*, del escritor británico Charles Dickens. En ella, una ladrona y prostituta "de buen corazón" traiciona a su amante Bill Sikes para ayudar al huérfano Oliver a escapar. Cuando Sikes se entera la mata a golpes.[84]

En particular destaco una de las novelas cumbre del escritor ruso Dostoyevski, *El idiota* (publicada entre 1868 y 1869), ya que considero que el escritor logró retratar con profunda compasión el drama de la violencia sexual que sufre una joven desde la infancia, y cómo la exclusión social que ello implica la orilla a la autodestrucción.

Natasha es una joven de gran belleza que quedó huérfana desde los siete años, y cuyo tutor, quien se supone debía protegerla, se dedicó a abusar sexualmente de ella, por lo que la sociedad la considera una joven manchada. Ella misma se autopercibe así. El príncipe Myshkin busca salvarla casándose con ella, pero la joven decide, en un impulso de autodestrucción, escapar con el hombre que sabe que la matará: Rogozhin.

El caso de Natasha escapa a la dicotomía de buena o mala víctima. Creo que es mérito de Dostoyevski alzar el velo que esconde las relaciones de opresión y abuso en la historia de Natasha, quien, al no poder escapar, la orillan a "perderse voluntariamente", decidir su muerte, su autoinmolación, ya que ella intuye que Rogozhin terminará asesinándola.[85]

En el siglo XIX, las narrativas fantásticas literarias también se empalman con las periodísticas. Por ejemplo, se encuentra el personaje de Marie en el cuento de Allan Poe "El misterio de Marie Rogêt", considerado, por cierto, el primer relato basado en detalles de un crimen real. Éste fue publicado por primera vez en *Ladies Companion* (1843), una revista dirigida a mujeres. Esto es relevante, ya que, como se mencionó, estos productos culturales eran de consumo femenino primordialmente.

En el siglo XX los feminicidios se incorporarán no sólo a las noticias y la literatura, sino también a la moda.

* * *

En resumen, como se documenta en *Femicide: The Politics of Women Killing*, "el feminicidio es tan viejo como el patriarcado".[86] Pero, ¿qué tan viejo es el patriarcado? No podemos aún hacer una prueba de carbono 14. Al menos hay evidencia de este sistema de opresión desde el Neolítico,[87] desde el año 6000 a 4000 a. C. Y para sostenerse, propongo, requiere del feminicidio y su representación.

Partimos del supuesto de Segato: que el patriarcado está presente en prácticamente todo el mundo, pero no en todas las culturas tiene las mismas características ni la misma intensidad. No en todas las culturas está presente de forma frecuente la violación, por ejemplo. Lo cierto es que en esta cultura, la occidental, la que ha sido impuesta en nuestra región y es predominante por la globalización cultural la violencia física y sexual y su representación son necesarias para mantener la desigualdad entre hombres y mujeres. Y en este *continuum* de violencia económica, de poder simbólico, el feminicidio es la culminación de capas y capas de violencia estructural que inician incluso antes del nacimiento de la escritura.

El feminicidio, por su parte, tendría relación con la estructuración de otro andamiaje del patriarcado: la cultura de la guerra. Esto puede ser ilustrado con el sacrificio de la hija de Jefté, y luego con el de Ifigenia. Es decir, el feminicidio y la cultura bélica tienen un vínculo. Esto concierne a lo que Segato ha advertido respecto a la violencia feminicida en Ciudad Juárez, donde los cuerpos de las mujeres se vuelve un lugar donde los grupos paramilitares de la violencia dejan un mensaje sin palabras. Es un mensaje entre hombres, pero también está dirigido a todas las mujeres. A su vez, como describe Falquet, hay un mensaje implícito a las mujeres que resulta congruente con el de una guerra de baja intensidad de amenaza constante. Esto sería el ambiente feminigénico. Y nuestras historias, nuestros intereses como clase sexual, se explicarían por nuestra necesidad de dar sentido a todo esto. Nuestro gótico, nuestro consumo de podcasts de crímenes, nuestras historias de fantasmas, nuestros intereses criminalísticos y psicoanalíticos.

Por lo tanto, podemos decir que la representación de feminicidios ha estado presente a lo largo de la historia de Occidente, y, desde el inicio, esta representación ha normalizado estas opresiones mediante las narrativas que con el paso de los años se vuelven míticas o fundacionales: la posesión del patriarca de las hijas, el asesinato de éstas como víctimas inocentes pero necesarias para la guerra y la reproducción de la violencia; la santificación de dichas víctimas inocentes y, como consecuencia paradójica, la no persecución del criminal, dada la sublimación de la muerte (santificación, mistificación por una cierva, por ejemplo). También —y aquí hay un proceso de mistificación acuciada— el asesinato de las partes divinas o peligrosas de la mujer para poder casarse con los hombres que les arrebatan estos poderes.

Luego, se encuentra la mala víctima, sobre todo con la llegada de la modernidad: las mujeres de reputación dudosa, las brujas, las viejas como Walpurga, una curandera anciana que ya no es de utilidad a su comunidad. Es aquí donde parece surgir una justificación para la violencia contra las mujeres (era mala o bruja) y a la vez se intensifica la violencia física y la crueldad.

Para el siglo XIX, en los epicentros de la modernidad (Europa y Estados Unidos), se observa el asesinato sexual de mujeres que son dispensables, mujeres por las que, en esta narrativa, "no valdría la pena" llorar o, en todo caso, a las que se les llora *poquito*. Tal es el caso de las trabajadoras sexuales o en condición de prostitución (Nancy en *Oliver Twist*, Natasha en *El idiota*), hasta llegar a la documentación periodística contemporánea de estas muertes.

Las narrativas no son las mismas hace tres mil años que ahora. Pero sí hay algunas caracterizaciones y motivos que han permeado y prevalecido a lo largo de los siglos. Por los casos y representaciones recabados, se puede confirmar que desde épocas precristianas hasta la fecha se han mistificado algunos feminicidios. Por ejemplo, la víctima inocente en ocasiones será representada viva, pero ausente.

Esto me recuerda un aspecto que una de las personas que he entrevistado ha hecho sobre su propio caso: el asesinato de su hermana. Cuando era velada, fue caracterizada como una víctima inocente, y parecía que el enojo y la demanda de justicia se apagaban. La hermana lo explicaba así y esto le causaba tristeza e indignación. Los familiares advertían que ella ya estaba "con Dios", que ella "ya no sufría". Pero esta narrativa, a su vez, denunció la hermana, inmovilizaba la exigencia de justicia e investigación. Si bien no en todas las historias de feminicidio se percibe este fenómeno, considero que puede ser una línea de investigación futura.

Este tipo de víctimas santificadas, como la hija de Jefté, suelen ser representadas de una forma "borrosa" y cristalizada en un ideal. Así, las víctimas inocentes desempeñan papeles pasivos, y el asesinato parece una especie de pase en automático a la salvación. Esto es relevante, ya que, de acuerdo con algunas percepciones de familiares de víctimas inocentes o caracterizadas de este modo, la idea de una víctima que "ya descansa", que es intocable, es otra forma de asegurar la impunidad, ya que también pierde su humanidad y se la ve como víctima sacrificial.

En cambio las víctimas "no inocentes" sí reciben una mayor exposición pública y son vistas y representadas en acción. Una probable línea de investigación frente a la moda inspirada en feminicidios es que algunas mujeres podemos identificarnos con la víctima precisamente por su capacidad de acción y agencia en el mundo. De ahí quizá provenga la prevalencia de anuncios de zapatos con el feminicidio: es decir, simbólicamente supone la agencia de decidir el camino propio.[88]

Otra caracterización de las víctimas es la de las mujeres monstruosas, que tienen algo "mal" o incorrecto. Este poder/deformidad encarnado en monstruo debe ser aniquilado para así "salvar" la parte pura o apta para el matrimonio de las mujeres. Para *poder casarse con ellas.* Así, la violencia feminicida comienza a ser bosquejada como un elemento más de un sistema disciplinario, civilizatorio. Esta idea pervive hasta nuestros días en las mujeres fantasmagóricas o en los demonios en el cine.

Finalmente, está la mujer que se salva a sí misma. Las Sherezades, las Clarisas en la narrativa hegemónica. Si bien esta representación frecuentemente nos da un alivio a las mujeres frente a los contextos de alta violencia (supone recuperar agencia sobre nuestro futuro), cabe también abrir otra línea de investigación: ¿no se corre el riesgo de regresar a la culpabilización? Si una mujer no se salva a sí misma, ¿entonces no valía la pena ser salvada? ¿En dónde queda ahora la organización entre mujeres para protegernos a todas? Queda pendiente una elaboración más profunda al respecto.

3

La flor más oscura de todas

Figura 3. Representación del anuncio publicitario para la fragancia Dahlia Noir de Givenchy, 2012. El nombre de la fragancia, y su publicidad, retomaron aspectos del feminicidio de una joven de 22 años llamada Elizabeth Short, ocurrido en 1947, en Hollywood.

FUENTE: https://www.youtube.com/watch?v=UOHkwemVxZg&t=3s

Dwight, se parece a esa maldita chica muerta, así que puedes tenerla, no a mí [...]. Proxeneta, cobarde, necrófilo.

James Ellroy, *La Dalia Negra*

Un acorde en tonos menores ejecutado con clavicordio sintético. La quinta nota, un si que recuerda el canto de un ruiseñor enjaulado, es la señal de salida: inician la marcha las piernas de Mariacarla Boscono, enfundadas en cuero negro hasta los muslos. La supermodelo atraviesa aquella caja de bombones o aquel escenario octagonal de algún cuento de *Las mil y una noches*, de cuyas paredes las sombras crecen. ¿La noche cae? Mariacarla va en ropa interior, semienvuelta en transparencias oscuras. Una pantaleta negra que empata con su pelo, un corsé, cintas que diseccionan y estrangulan el torso; una en particular define con estridencia la cintura. Un juego visual, parece cercenada. La capa que revolotea atrás está sujeta a la gargantilla, otra cinta más que parece estrangularla.

Todo es blanco y negro. Casi sepia.

Estalla la flor negra. La capa se levanta con un viento que parece imaginario. Las secuencias de acordes mecánicos retumban y dan el ritmo a las contorsiones de Mariacarla: de perfil, inclinada sobre un taburete. Recostada, sus brazos se alzan como los cuernos de un toro.

Boca abajo, boca abierta, sobre las rodillas, su torso se arquea como el lomo de un gato para difuminarse entre las luces y sombras, parece dividido por la mitad. Su rostro sale de foco, como una acuarela a la que se echa aguarrás.

Otra secuencia.

Ahora Mariacarla lleva un vestido negro, entallado, luces y sombras sobreexpuestas como las que vemos en un diario antiguo. El tiempo se acelera y se detiene. La luz se apaga y enciende en un estrobo perezoso. El vestido revolotea formando figuras diferentes en cada ocasión: nuevamente manchas freudianas de tinta negra… Ahora el ángulo está en picada. Mariacarla entra de nuevo a la construcción octogonal y se apagan las luces. *Blackout*. Lo que sigue en la historia es dejado a la imaginación de nosotras, espectadoras. El acorde del inicio es ejecutado de nuevo, cinco notas menores y agudas, que anuncian que el hechizo ha llegado al final. Una voz en *off* femenina dicta: "Dahlia Noir, la nueva fragancia de Givenchy".

Sólo entonces escucho de nuevo los murmullos del centro comercial. El video publicitario emitido en una de las pantallas ha terminado.

—Me encantó —dice L., a quien acompaño a comprar maquillaje.

—A mí también —miento; o no miento.

Aquella noche en casa me preparé un té floral y comencé a buscar alguna información en internet. El diario *The Independent*[1] llevaba una nota sobre la nueva fragancia. Ahí estaba la supermodelo, Mariacarla, con los labios entreabiertos, el pelo soplado, como si hubiera un ventilador frente a ella. El torso cruzado por las cintas. El frasco del perfume es lo único con color: durazno pálido, tan pálido y deslavado como si hubiera perdido toda la sangre.

La nota advierte que la fragancia, inspirada en la alta costura, "tiene un poco de todo": pachuli, mimosa, rosa, vainilla, pimienta... y que el nombre es el de una flor *imaginaria*: Dalia Negra.

Pero no es imaginaria... Se ofertan dalias negras en internet. Aunque nunca son del todo negras.

Encuentro un artículo sobre una de estas variedades nombrada "Dalia Noches de Arabia".

Las dalias son originarias de México, es nuestra flor nacional. En el siglo XVI fueron descritas por primera vez por algún explorador español y luego cayeron en el olvido, hasta que alguien más en Europa las "redescubrió" y las volvió a poner de moda. Su historia es parecida a la de las orquídeas: saqueadas de las selvas y pantanos de América por exploradores y secuestradas cual sabinas rumbo a Inglaterra. Susan Orlean[2] escribió que aquel trabajo, el de saquear orquídeas, consistía en buscar belleza en "lugares terribles", donde las fiebres y las enfermedades arrebataban la vida de los saqueadores. Pero, una vez en los barcos, la mayoría de las flores moría. Las que lograban llegar eran apreciadas por coleccionistas que las conservaban como una curiosidad, un lujo.

Algo similar ocurrió con las dalias. Hay muchas variedades de éstas, pero las más famosas son características por sus cientos de pétalos, que en realidad son cientos de pequeñas flores y las hacen lucir como una muchacha despeinada. Una vez instaladas en el imaginario europeo, las dalias sufrieron ingenierías mayores. Lo mismo ocurrió con las nochebuenas y las cempasúchiles, cuyas semillas genéticamente modificadas llegan a México desde China[3] y Países Bajos, junto con otras plantas de ornato. Los grandes floristas "inventaban" nuevas variantes con nombres atractivos para que los amantes se comunicaran con el lenguaje de las flores.

En 1951 la casa Weijers, de Países Bajos, "lanzó" una nueva dalia a la que nombró "Noches de Arabia" y se anunciaba como una de las dalias "más oscuras". Los pétalos de esta flor no son propiamente negros, sino color vino, sobre todo al centro. Ahora ya han inventado dalias todavía más negras. Pero esa primera flor creada, Noches de Arabia, es nuestro punto de partida. Habían pasado apenas cuatro años desde que una joven asesinada en Hollywood fuera apodada por la prensa como "la Dalia Negra".

Feminicidio en Hollywood

Debo hacer una confesión. Cuando vi aquel anuncio del perfume, ya sabía a qué se refería. El caso de Elizabeth Short lo estudié obsesivamente cuando veía series de televisión. Ese impulso de querer entender, de identificar, y esa paz que me daba pretender que podría reconocer el peligro. Así que muchos años antes fui una más de quienes se sumergieron entre los rastros de investigaciones *amateur* y profesionales. De las que leyó reportes de autopsias, aquellos detalles que surgieron después, el retiro de piel, los cortes con navajas en el área genital, la degradación y la violencia contra el cuerpo, los días de tortura, la fractura de las piernas, lo hallado al interior... Eso que no se supo en 1947.

La mañana del 15 de enero de 1947, Betsy, una joven ama de casa, salió con su hijita de tres años rumbo al sastre. Vivían en Leimert Park, al sur de Los Ángeles. La Segunda Guerra Mundial tenía poco de haber terminado y esto había frenado la venta de terrenos en aquel barrio que pretendía ser de clase media. Así que se extendían varios baldíos. Al caminar junto a uno, Betsy creyó ver un maniquí roto, cortado por la mitad y sin ropa, sobre la hierba.

Algunos libros (de la decena de libros que se han escrito al respecto) aseguran que Betsy vio una figura muy blanca, tan blanca que por ello pensó que se trataba de un maniquí. Otros escritos[4] refieren que lo primero que llamó su atención fue una nube negra de moscas posadas sobre un objeto, y sólo tras alzar el vuelo revelaron el maniquí. Otros relatos más se acercan al cuento de hadas, la niñita de tres años corre y se adelanta a la madre, quien le grita que no se aleje demasiado, la niñita es quien llega al cuerpo. Pero al final todos coinciden: no era un maniquí, sino el cuerpo cercenado y blanquísimo de una mujer. Betsy tomó a su hijita y corrió a pedir ayuda.

No lo podemos asegurar, pero la leyenda cuenta que, incluso antes de la policía, los primeros en llegar fueron los reporteros de *The Examiner.* Aunque unas horas después el lugar hirviera con policías y reporteros (entre ellos sólo una reportera: Aggie Underwood), *The Examiner* se adelantó y su competencia jamás pudo alcanzarlos. Esa tarde, en su edición vespertina,[5] *The Examiner Extra*, llevó la fotografía del hallazgo, pero editada o "retocada". El equipo de arte dibujó una "manta" sobre el cuerpo y "borró" las heridas del rostro de la joven. El resultado fue una imagen de lo que parecía una resplandeciente joven dormida sobre la hierba.

La cabeza de la nota: "*Monstruo* tortura, mata a chica. Deja el cuerpo en un baldío".[6]

Sumario: "La evidencia muestra que la víctima adolescente fue atada y amordazada durante el asesinato".

El pie de foto de la imagen retocada llama a la víctima "la presa del asesino".

En el segundo párrafo se leía: "... el cuerpo desnudo fue cortado por la mitad...".

The Examiner Extra salió a las tres de la tarde y se agotó para las cinco y media; se reimprimió otra tanda de periódicos que también quedó agotada.[7]

La imaginación de todos los lectores depositó lo que quería debajo de aquella manta dibujada por *The Examiner.*

Los tratos con la prensa

Para el 17 de enero, dos días después del hallazgo, la víctima ya había sido identificada. De nuevo la intervención de *The Exa-*

miner fue crucial.[8] En Washington, al otro lado del país, se construía una inmensa base de datos con huellas dactilares recopiladas a nivel nacional. El rotativo ofreció a la policía enviar las de la víctima por medio de su servicio de Sound Photo —una tecnología similar al fax—, que utilizaba para enviar y recibir fotos. La policía no tenía un sistema similar. A cambio de este favor, *The Examiner* tendría acceso privilegiado a la probable identificación de la joven. Si las autoridades angelinas se negaban, deberían mandar las huellas por avión a las oficinas del FBI en Washington, lo que demoraría la investigación varios días. Así que hubo trato y *The Examiner* prestó la tecnología necesaria. Por primera vez en la historia este método se usó para el envío de impresiones dactilares.

El FBI obtuvo una identificación positiva: una joven de 22 años llamada Elizabeth Short. Sus huellas se encontraban en el sistema porque, en septiembre de 1943 (cuatro años antes) había sido arrestada junto con otra amiga y unos soldados mientras bebían y hacían escándalo en Santa Bárbara, California, donde ella trabajaba como empleada en un campo militar. En aquel entonces, Short tenía 19 años y, bajo las leyes, era menor de edad. Fue detenida por la policía, puesta en custodia y procesada como una delincuente: fotos de frente y perfil y huellas dactilares.

La noticia principal de *The Examiner*, en su edición matutina del 17 de enero, llevaba los *mugshots* y anunciaba: "Chica víctima de tortura y asesinato es identificada por *The Examiner*, FBI".[9]

Sin embargo, la noticia también fue publicada ese mismo día por un diario más prestigioso, *Los Angeles Times*, y el FBI le atribuyó a este diario la primicia.[10]

Los Angeles Times tituló: "Víctima de asesinato sexual es identificada por registros de huellas digitales del FBI".[11]

Sumario: "La joven escribió a su madre diciéndole que trabajaba en el hospital de San Diego".

El primer párrafo del sobrio *Los Angeles Times* arrancaba: "Por medio de huellas digitales, la *atractiva*[12] víctima del brutal asesinato sexual...".

No sólo la prensa calificaba el atractivo de la víctima. El 21 de enero la policía de Los Ángeles publicó un cartel con una foto de estudio de Elizabeth: el pelo corto —a la moda— con una gran y blanca flor destacando entre sus rizos negros, sonriendo con labial de alto contraste en la fotografía a blanco y negro. Abajo, su descripción: mujer, americana, 22 años, 5 pies 6 pulgadas (alrededor de un 170 centímetros), 118 libras (53 kilos), pelo negro, ojos verdes, muy atractiva, con mala dentadura inferior, con las uñas carcomidas.[13]

* * *

Tanto Wolfe como Eatwell narran en sus respectivos libros un pasaje particularmente ominoso de la prensa. Probablemente el mismo día 16 de enero, Richardson, editor en jefe de *The Examiner*, ordenó a uno de sus reporteros, de apellido Sutton, llamar a Phoebe Short, madre de Elizabeth, quien vivía en

Medford, Massachusetts. Pero dio la siguiente orden: no informar a la madre de la muerte de su hija, sino primero obtener toda la información posible. Sutton llamó a la madre de Elizabeth y le dijo que la joven había ganado un concurso de belleza. La madre, muy entusiasmada al escuchar esas noticias, fue "entrevistada" respecto a quién era su hija, qué le gustaba. Probablemente habló de que era la niña de en medio de cinco hijas, todas mujeres, a las que había criado sola. Elizabeth, Betty, se había mudado a California buscando al padre hacía un par de años. La veía algunos meses al año, cuando Betty regresaba al hogar. Recientemente le escribió su querida hija y le informó que trabajaba en un hospital en San Diego... Siempre había sido muy linda, sus ojos, su cabello oscuro, su cintura estrecha...

Después, y tras exprimir toda la información que pudiera sacarle, el reportero entonces le dijo a la madre los hechos.

¿Cómo habrá dicho el reportero la verdad? "Disculpe, señora, la engañé, la realidad es que su hija no ganó ningún concurso de belleza, sino que fue asesinada". "Sólo quería saber si usted tendría más información sobre el homicidio de su hija". "Le pagamos el viaje a cambio de que nos cuente todo".

¿Cómo justificó algo así el reportero? ¿Qué respondió Phoebe? ¿Quiso acaso colgar? ¿Pensó quizá que la "broma" era la muerte? ¿Con quién se encontraba la madre en ese momento? ¿Quién le tomó la mano, la abrazó tras la noticia? ¿Con quién habló aquella noche sobre la tercera hija, la de en medio, la que siempre padeció de asma y su salud se agravaba en la humedad?

¿Cómo recordaba a la hija que un día se fue a California a buscar al padre que las había abandonado? La hija más bonita de todas, piel de alabastro y cabello de ébano. La más inquieta también, la que soñaba con un futuro grandioso, lleno de amor, de romance…

Phoebe se hacía cargo sola de sus cinco hijas desde 1930. En 1929 el padre perdió su poca riqueza debido a la crisis del 29 y al año siguiente fingió un suicidio. En ese entonces, Elizabeth tenía seis años. Como muchas otras historias similares, la madre sacó adelante, como pudo, a su familia. ¿Qué dificultades pasaron? ¿Cuántas veces debieron irse a la cama sin cenar? Sólo años después supieron que el padre estaba vivo en California.

Phoebe aceptó la oferta de *The Examiner.* El rotativo pagó el vuelo de avión y el hotel a cambio de exclusivas. Una foto registró a la mujer bajando del avión. Delgada, en abrigo y con un sombrero. Atrás de ella una mujer más joven, ¿parecida a Elizabeth?, pero con el cabello que se adivina más claro. Probablemente una de las hermanas. Esta última lleva en la mano una copia del diario. ¿Qué les habrán dado a leer durante el vuelo?

Una práctica que es considerada poco ética en la actualidad, poco ética entonces; sin embargo, no ha desaparecido, es vigente en el Sur Global y en el Norte también.

Los Angeles Times publicó: "La joven escribió a su madre diciéndole que trabajaba en el hospital de San Diego".

¿Qué diario filtraba información a qué diario? Nunca lo sabremos.

Los reporteros se agolparon en el hospital. Pero no. Ésta había sido una mentira que Elizabeth dijo a su madre: nunca trabajó ahí.

La forma en que los medios describían a la víctima empezó a cambiar.

Ya no sería una adolescente.

Ahora era una mentirosa compulsiva.

La manta que *The Examiner* pintó sobre su cuerpo iba siendo levantada. Debajo de ella, la prensa, la policía y el público colocaban su miedo y su odio. Se describieron sus probables torturas, los días que pasó viva antes de ser asesinada.

Alguien habló de su mala dentadura. Alguien más escribió sobre su incapacidad de tener relaciones sexuales. Alguien dijo haber visto a Elizabeth en un bar de lesbianas.

Otra joven, una adolescente que había escapado de su casa y vivió un tiempo en alguno de estos departamentos rentados por muchachas, dijo a la prensa que vivir así era terrible y cualquier muchacha podía acabar muerta. Entonces de seguro ella sabía algo.

Para el 19 de enero de aquel año, el FBI ya la llamaba "Black Dahlia".[14]

Los editores de *The Examiner* se enteraron de que casi seis meses antes del feminicidio, en uno de sus frecuentes viajes en autobús, Elizabeth perdió una maleta llena de álbumes de fotos y *memorabilia*. Los editores ordenaron a sus reporteros hallar dicha maleta, lo cual consiguieron; de nuevo, el aparato de la prensa resultó mucho más eficiente que las autoridades policiales.

"Después de eso, el caso de la Dalia Negra se volvió el crimen mejor ilustrado de la historia de los diarios".[15]

Fotografías de Elizabeth en cenas, en traje de baño, con acompañantes masculinos, de vuelta en Massachusetts, en las playas de Florida… Cartas que Elizabeth había escrito a lo largo de los años a un joven y que jamás se había animado a enviar y por alguna razón guardaba. Cartas donde mezclaba la realidad con la fantasía. Fueron pruebas o acordes que permitían a cada periodista o escritor imaginar lo que quisiera debajo de la manta dibujada:

una viuda de guerra,
una joven promiscua de dentadura podrida,
una prostituta de mafiosos,
una mentirosa compulsiva.[16]

Wolfe advierte de que algunas fotos, tras ser descartadas por el diario, fueron devueltas a la madre de Elizabeth. Pero sólo unas cuantas. La mayoría fueron publicadas y luego conservadas en los archivos del diario. En 1988 fueron donadas a colecciones especiales de la Universidad de California del Sur, pero, para 1990, la mayoría "habían desaparecido". Alguien se las robó y alrededor de 2002 "aparecieron" en el entonces popular sitio de ventas por internet eBay.[17]

Durante todo aquel año, el crimen ocupó los titulares de la prensa angelina. La prensa, la policía, haciendo esta mancuerna de ética dudosa, lograron trazar los andares del último mes de Elizabeth, quien había huido un mes antes de Los Ángeles, sin que nadie conociera el motivo, y tomó un autobús a San Diego. Sin saber qué hacer se metió a un cine y ahí conoció a una mujer, ama de casa, que se compadeció de la joven y la llevó a su hogar. El problema es que ahí pasó un mes sin conseguir trabajo. Dormía tarde en el sofá de la casa y se levantaba tarde. Escribía cartas y enviaba telegramas pidiendo ayuda a algunos conocidos. Todo eso lo contaría la mujer que la albergó, quien sería después entrevistada. También la describió como una joven muy dulce, pero, sí, salía por las noches… Por cierto, llevaba medias muy caras, de seda. Algo que contrastaba con una economía tan maltratada por la recién pasada guerra. Al final la mujer, quien tenía a cargo a sus hijos adolescentes y le preocupaba el ejemplo que pudiera darles Elizabeth, le pidió que se fuera.

Elizabeth regresó de aventón a Los Ángeles con un hombre al que había conocido aquellos días. Llegó al Biltmore Hotel, en el centro. Desde el lobby llamaría por teléfono a alguien. Luego se alejó. Era el 9 de enero.

A partir de ahí todo fue borroso. Unos días después el probable asesino —o alguien que tuvo acceso a ellas— envió a *The Examiner* algunas de las pertenencias de la joven. Más gasolina mediática.

Para 1948, la ciudad de Los Ángeles convocó a un gran jurado. Un grupo de ciudadanos juzgarían a las autoridades, y no a un individuo. La policía de Los Ángeles fue sentada en el banquillo de los acusados por su incapacidad de resolver el homicidio de Short, y de otras mujeres y niños. Durante el caso salió a la luz un probable tráfico de influencias y la relación dudosa entre autoridades y algunos ricos y poderosos de la ciudad. Se barajaron nombres de famosos. La policía, en cambio, culpó a la prensa por haber publicado información constantemente, con lo que, acusó, entorpeció la investigación. No se dijo nada de aquella dependencia mutua, de los vasos comunicantes entre los escritorios de los policías y las oficinas de redacción, ni de los tratos por lo bajo sobre exclusivas e intercambios.

El de Elizabeth Short el día de hoy lo llamaríamos feminicidio. Al menos en México, pero no en Estados Unidos, aunque el término fue originalmente acuñado como *femicide* por Diana Russell en aquel país, hasta la fecha no existe una tipificación en sus leyes estatales ni a nivel nacional.[18] El término femicidio o feminicidio parece sólo aplicar al Sur Global. En el Norte no hay feminicidios: hay víctimas de hombres lobo, hay asesinos seriales, hay violencia doméstica. Hay muchachas que huyen de casa, hay *desafortunadas*. El feminicidio es algo que sólo pasa en países de salvajes.

Y así transcurrió el tiempo y se fue conformando una larga lista de libros, películas, ficción, no ficción, fotos, obras de artes plásticas…

Solo unos cuantos para darnos una idea.

Línea del tiempo de productos culturales sobre la Dalia Negra

1947 – Feminicidio de Elizabeth Short.
1948 – Gran jurado conoce el caso en juicio histórico.
1975 – *True Confessions*, novela basada en el crimen.
1975 – *Who Is the Black Dahlia?*, película para televisión.
1981 – *True Confessions*, película dirigida por Ulu Grosbard.
1987 – *The Black Dahlia*, novela de James Ellroy.
1994 – *Severed*, primer libro de no ficción porJohn Gilmore.
1994 – *Daddy Was the Black Dahlia Killer*, libro cuya autora afirma que su padre fue el asesino.
1998 – Primer videojuego con el personaje de Black Dahlia.
1999 – *Childhood Shadows*, libro de memorias de una conocida de la infancia.
2001 – Una banda de metal se nombra The Black Dahlia Murder.
2002 – Empieza la venta de fotografías de Elizabeth Short por eBay.
2003 – *Black Dahlia Avenger*, otro libro en el que el autor, Steve Hodel, también afirma que su padre fue el asesino.
2004 – El FBI libera los archivos del caso.
2005 – *Black Dahlia Files*, libro de no ficción escrito por un periodista de Hollywood.
2006 – *The Black Dahlia*, película del director Brian de Palma, basada en novela homónima de Ellroy.

2010 – *The Black Dahlia: Shattered Dreams*, otro libro de no ficción.

2011 – Perfume Dahlia Noir.

2012 – Black Dahlia, aparición en la serie televisiva *American Horror Story*.

2017 – Segunda parte de *Daddy Was the Black Dahlia Killer.*

2019 – *Black Dahlia, Red Rose*, libro de no ficción escrito por Piu Eatwell con una tercera hipótesis.

Dark Fairy Tale

Una de las interminables páginas que se dedican a hacer *reviews* de perfumes define la fragancia del siguiente modo: "Inspirada en la dalia negra, flor imaginaria, de vestido oscuro. Con este perfume, Givenchy pretende crear 'una sensualidad adictiva, una feminidad irresistible'".[19]

Otra bloguera de modas advierte que "una inspiración obvia para el perfume es la *heroína* de la novela *Black Dahlia*, de James Ellroy".[20]

Quizá la inspiración para el perfume fue la novela o la película, y no directamente el caso. De ser así, el fenómeno entraría en lo descrito por la escuela de criminología cultural y comunicación de la Universidad de Birmingham: los *cultural loops.*[21] Ésta sugiere que, al público, a nosotras, a las mujeres que compramos, consumimos, se nos dificulta distinguir la realidad de la ficción debido a la velocidad de retroalimentación entre ambos: un feminicidio, una serie de televisión, una nota de periódico, un documental con crestomatía. Lo mismo un asesinato, una película, una banda de rock, un disfraz para Halloween. Un perfume.

Tiempos modernos.

Si comparamos las imágenes de la campaña publicitaria, se distingue una mímesis de las fotografías policiales de Elizabeth Short publicadas en los años cuarenta.

Algunos *stills* del video publicitario. La modelo, envuelta en una capa negra, parece una flor moviéndose por el viento. Hay también varias tomas de ella acostada sobre una base que simula la tapa de la botella del perfume. Esta imagen se repetirá en dos ocasiones por pocos segundos: los brazos levemente flexionados y extendidos hacia arriba. Cabe hacer notar que fue en esa postura en la que fue hallado el cadáver de Elizabeth Short. Postura que ha sido emulada en otras imágenes.

Por ejemplo, una artista polaca utiliza las imágenes explícitas del caso para hacer una colección de serigrafías. También, como se mencionó anteriormente, algunos autores hallaron similitudes entre la forma en la que fue hallado el cuerpo con algunas propuestas estéticas del surrealismo, en particular la fotografía del *Minotauro*, de Man Ray.

Marcar la piel

En las redes sociales una puede hallar muchos disfraces de Halloween inspirados en la Dalia Negra: las heridas en la cara, la flor en el pelo (un invento), vestidos oscuros y entallados. Hay tatuajes también. Algunos han marcado su piel con reproducciones muy fieles de las fotografías de la autopsia. Otras son interpretaciones más suaves. Encuentro uno, de una mujer de 43 años, estadounidense, quien se tatuó en uno de sus muslos una versión estilizada, como una muñeca. Sólo quedan, del horror, las heridas del rostro. Ella accedió a hacer una entrevista al respecto.

> Mi nombre es B. Tengo 43 años y soy del sur de California. Actualmente vivo en Georgia. Fui ama de casa hasta los 26 años, luego trabajé como maestra de preescolar hasta que mis hijas crecieron un poco. Luego regresé a la escuela por una licenciatura en Administración en Salud.
>
> Ahora trabajo en la oficina de una dermatóloga. Hasta ahora, no hay nada interesante (*lol*). Como intereses, me gusta reír y mantenerme feliz. Padezco ansiedad inducida por trauma, así que trato de mantener el mundo alrededor mío libre de drama, lo más posible. Cualquiera que me conozca dirá que sonrío constantemente y me río de todo. Amo los programas *Friends* y *La oficina* y las películas de terror. Me siento atraída a los documentales sobre crímenes e historia.
>
> Soy originaria del sur de California, pero no de Hollywood, donde fue asesinada Elizabeth Short, crecí escuchando su historia. Estaba en los primeros años de mi adolescencia cuando escuché sobre el caso e inmediatamente me intrigó. Conforme fui creciendo atravesé mis propias experiencias, comencé

a aprender más sobre la violencia contra las mujeres, así que mi interés en la Dalia Negra siempre ha estado ahí, y he leído libros y he buscado información constantemente. Quise saber sobre ella y la verdad, no rumores o historias de ella que buscan hacerla interesante.

Creo que siempre ha estado en mi mente porque me identifico con quien era ella y sus problemas. Se encontraba sola y en búsqueda, luego enfrentó una pérdida cuando su esposo murió, entonces comenzó de nuevo. Esa parte de alguna forma siempre se sintió familiar.

Luego estuvo su muerte, y su cuerpo completamente arrebatado y destrozado, y apenas puedo imaginar lo que ella vivió y eso también resuena mucho conmigo. He pasado por por abuso sexual durante toda mi infancia, sin decirle a nadie durante años. También fui violada de forma violenta cuando tenía 21 años, y siento que, después de eso, me sentí más conectada que nunca, de una forma rara, con Elizabeth Short.

Ya no me sentía viva y mi cuerpo no me pertenecía y me sentía completamente desecrada. Así que el final de su vida me perseguía, y todavía lo hace, debido al miedo que sé que ella sintió, y sabiendo que ella se encontró sola y sin que nadie la ayudara.

Sé que suena raro y que soy una persona extraña por sentirme conectada. Pero creo que me siento protectora de ella y de quien realmente era, porque ella no tenía a nadie.

Durante los últimos 15 años he batallado con lo que se siente porque finalmente comencé a hablar y contar mi historia, pero esto me ha hecho encararlo, lo que ha sido muy duro. Cuando cumplí 40 años, realmente me sentí yo misma de nuevo, y me hice mi primer tatuaje. Son tres signos astrológicos [...]. No planeaba hacerme más tatuajes, pero después ocurrió, aunque ninguno de esos tatuajes ha sido al azar. Así que, finalmente, en marzo pasado, una artista tatuadora que sigo aquí en Instagram publicó uno de sus dibujos disponibles, lo vi y casi lloré cuando vi a la Dalia Negra, así que inmediatamente le mensajeé y le dije sin dudar que lo quería. Así fue como el 7 de mayo, después de siete horas en la silla, tuve mi tatuaje en el muslo izquierdo, y ha sido maravilloso tenerla conmigo, dibujada por una artista que también tenía un interés sincero en ella.

Quería el tatuaje de Elizabeth para mostrarla a ella, y por sus ojos, que "te arrebatan". Y también quería sus labios con la cicatriz para mostrar una parte de su historia, pero que no la definiera sobre quién fue ella en vida.

Ella simboliza la fuerza en mí porque ella fue fuerte y resiliente. Pero cuando miro hacia abajo y la veo siento paz inmediatamente. Ella me trae paz. No sé por qué, pero me calma.

Posteriormente se le pidió a B. ver el video publicitario de Dahlia Noir. Éstas fueron sus impresiones:

En un principio no me recordó el caso, incluso viendo el nombre (Dahlia Noir). Pero entonces mostraron el nombre al final, vi todo el video y comprendí. El que la modelo vistiera todo de negro, junto al nombre, sí me recordó a ella.

Tengo sentimientos encontrados. Al inicio me pareció un símbolo *cool*, pero es sólo otra forma de mercantilizar su nombre y disminuir quién era ella: una joven, y no una película de horror.

Givenchy discontinuó la fragancia en años recientes; lo hizo de manera muy silenciosa. Algunos comentarios en páginas de internet especularon si esto se debía a las connotaciones del perfume. Yo me pregunto si esto tiene que ver con los movimientos feministas. Pienso que sí. Las cosas, siempre, siempre las podemos cambiar.

En la lápida de Elizabeth Short, arriba de su nombre, hay una sola palabra: *daughter.* Hija.

4

Una mancha roja en el pecho: dime qué forma tiene

Figura. 4. Representación de la campaña publicitaria de Jimmy Choo Primavera 2006. Participaron la supermodelo Molly Sims y el actor Quincy Jones con diferentes imágenes en el desierto. En una de ellas Sims está ¿inconsciente, muerta?, al interior de la cajuela de un auto clásico, y Jones parece descansar antes de seguir cavando una tumba.

FUENTE: https://boysgotojupitertogetmorestupider.wordpress.com/20 12/12/10/violen ce-against-women-2-jimmy-choo-advertisement/

> Ellas, a las que han convertido en "cosas", han perdido su conexión con su mundo social y paradójicamente aparecen al mismo tiempo como entidades inertes y animadas.
>
> JULIA MONÁRREZ[1]

Laura y Kate Mulleavy estaban en la cumbre del éxito, sobre todo después de su colección de moda de alta gama otoño-invierno 2008. Las hermanas se habían inspirado en películas de horror asiáticas: los textiles de sus vaporosos vestidos simulaban material de curación ensangrentado con diferentes gradientes de rojos: del rojo de la sangre fresca, el casi rosa, al casi negro. "Estaban diseñados para parecer como si estuvieran cubriendo una herida sangrante".[2]

El maquillaje y el cabello culminaban la idea: orientales chongos estirados, rostros blancos con labios delgadísimos pintados en rojo profundo.

Fue un *hitazo*, así que en 2009 propusieron unas botas *bondage* inspiradas en embalsamamientos. Aunque dio de qué hablar, no fue tan impactante como la de 2008. Pero venían cosas nuevas.

El nombre de la firma, Rodarte, proviene del apellido de soltera de su madre, Rodart, de origen mexicano-italiano, y aunque tenía apenas cinco años en el mercado, para 2010 ya se había convertido en una de las más prestigiosas e innovadoras en la industria de la moda de alta costura. También era de las más caras: un vestido por 20 mil dólares, otro por 60 mil. Las expertas en revistas de moda refieren un enorme trabajo artesanal: para cada prenda se utiliza hasta una docena de telas diferentes, y se bordan a mano, se procesan, se las adorna con plumas, pedrería y otras cosas, incluso quemando y retiñendo. Se decora y se experimenta. Cada pieza lleva más de 150 horas de trabajo a mano. Por eso se decía en las revistas de moda que obtener un vestido de ésos era como adquirir un Picasso o un Rembrandt. En 2010, año del escándalo, lanzaron una colección económica junto con Target —unos 60 dólares por pieza— que fue un éxito porque mujeres jóvenes, universitarias, interesadas en el diseño y el arte deseaban adquirir un Rodarte.

No hay duda de que son talentosas.

La colección de alta gama otoño-invierno 2010 fue lanzada de forma conjunta con una línea cosmética por parte de la firma Mac. La llamaron Juarez. Sin tilde.

La presentación tuvo lugar en una exclusiva pasarela en Nueva York.[3]

Dos mujeres encienden decenas de velas blancas. La cera vertida crea una pequeña escultura al estilo de altar de Día de Muertos. Se escucha un viento, una suave flauta "nativa". El canto mágico de algún "indígena del norte". Cascabeles, percusiones.

Y entonces sale de entre las sombras la primera modelo.

El rostro está desprovisto de color, tan pálido como la cera derretida de las velas; sólo alrededor de los ojos se ha maquillado unas ojeras de muerte. Calavera andando. La ropa en tonos color arena, paleta del desierto, a excepción de la falda, que contrasta en rojos ocres y verde en forma de… ¿una pirámide?, ¿unos rombos que simulan ojos? La segunda modelo en colores del desierto también, con algunos rojos ocre muy tímidos entre la multiplicidad de texturas telares. La tercera, el pelo negro relamido, ojerosa también, su vestido en rojos bajos está atado, enredado en telas cual carrilleras revolucionarias. Lo que falta en el pantone sobra en texturas de telas que parecen sintéticas, estampados antiguos o pasados de moda, calcetines infantiles, *crochet*. Recuerda la vestimenta compuesta de estilos desiguales y piezas contradictorias de aquellas que se visten con lo que encuentran en los más pobres puestos de segundas. Pálidas con sombras insomnes, oscuras.

La sexta modelo, nos detenemos en la sexta: los colores claros, una blusa tejida a *crochet* con un punto muy flojo, dejando ver la piel blanquísima resplandeciente debajo de la ropa. Pero el centro de la blusa no es blanco como todo lo demás: el estambre es de un rojo oscurísimo. Pareciera una mancha de consultorio de psicólogo. ¿Qué ven ahí? ¿Un águila de alas extendidas, un pecho sangrante, una mancha que se extiende?

Cuando encendieron las luces tras la pasarela, la prestigiosa revista *Style*[4] entrevistó a las creadoras de la colección, las hermanas Laura y Kate Mulleavy. Ahí, esta última admitió que la inspiración vino de un lugar "más oscuro".

El entrevistador, Tim Blanks, les pregunta:

—Cosas malas [*sic*] les ocurren a las mujeres en esa ciudad fronteriza. ¿Estas chicas [las modelos] son fantasmas?

Laura responde:

—Nunca lo vi de esa manera…

Pero Kate la interrumpe:

—Yo sí.

Y Laura ríe. Todos ríen.

Kate ahonda un poco más: advierte que para ella es interesante crear a partir de "aquello de lo que la gente no quiere hablar".

—De manera personal, lo que creo que es interesante, culturalmente, es justo lo que estás diciendo.

Antes de que explotara el escándalo, la revista *Vogue* describió la línea en su sitio web:

> Bienvenidos al último viaje de Rodarte. […] las hermanas explicaron que un largo viaje en auto desde El Paso hasta Marfa, Texas, les hizo pensar que les gustaría explorar sus raíces mexicanas. A partir de ahí se interesaron por la conflictiva ciudad fronteriza de Ciudad Juárez: la calidad brumosa y onírica del paisaje allí, y las trabajadoras de la maquiladora yendo a la fábrica en medio de la noche. Y eso, según las diseñadoras —que ciertamente saben cómo dar un discurso que evoque el *romance*[5]—, las llevó a esta conclusión: crearían una colección a partir de la idea de mujeres en un estado de *sleepwalking*.[6]

1993

Se suele utilizar 1993 casi por consenso. Wikipedia[7] propone 1991, pero cita el primer feminicidio en 1993. En ese entonces José Pérez-Espino[8] era un reportero de 22 años en la unidad de investigaciones especiales del *Diario de Juárez*. Que Pérez-Espino fue pionero en la documentación de los feminicidios es algo en lo que coinciden varios de sus colegas juarenses. Entre ellos Rocío Gallegos, Ignacio Alvarado y Alejandro Páez Varela. Eran mediados de los noventa y "no había el impacto social que hay ahora" con los feminicidios, recuerda Pérez-Espino.

"No existían las organizaciones que ahora existen".[9]

Pero las familias comenzaban a juntarse a las afueras de los ministerios públicos, las madres de muchachas desaparecidas o asesinadas comenzaban a hablar entre ellas, a tocar puertas, a buscar ayuda y respuestas.

¿Qué estaba pasando?

"Me dediqué a buscar todos los casos posibles de mujeres víctimas de homicidio. Digamos que prácticamente hablé con las familias de todos los casos", señala Pérez-Espino. Luego contrastó la información con la que daban las autoridades y se percató de omisiones institucionales gigantescas.

"Los expedientes tenían apenas una hojita" sin información clara. Por ejemplo, recuerda una anécdota en específico: el informe decía "cuerpo localizado al pie del cerro Bola", sin más indicaciones. El problema es que el territorio al pie del cerro

Bola implicaba una extensión de 20 kilómetros cuadrados. Para darnos una idea, 20 kilómetros cuadrados equivaldrían a unos 160 estadios de futbol. Cualquiera que quisiera retomar la investigación ni siquiera podría conocer el lugar preciso, ni las propias autoridades ni la familia.

Así, el reportero documentó un descuido institucional de enormes proporciones, ocasionado por "negligencia, por dolo, por complicidad, que se fue descubriendo después", refiere.

La unidad de investigaciones del *Diario de Juárez* intentó articular la información. No había aplicaciones digitales como Google Maps, así que el reportero compró un mapa muy grande de la ciudad y sus alrededores y lo pegó en la pared del saloncito que solían usar los fotógrafos del rotativo. Le ayudaron en este proceso Ignacio Alvarado, entonces editor de 22 años, y Julián Cardona, un fotoperiodista también muy joven, de unos 30 años y recién llegado al diario. Con pinchitos fueron señalizando en el mapa el último lugar donde habían sido vistas por última vez cada una de las jóvenes desaparecidas y, posteriormente, marcaron dónde encontraron los cuerpos.

"Y ahí quedaron muy claros dos puntos de la ciudad", explica el reportero: una parte del centro histórico, en particular sobre el Eje Juan Gabriel, era donde más se acumulaban desapariciones de mujeres. En contraparte, Lomas de Poleo, un descampado a más de 30 kilómetros de distancia, era un lugar donde frecuentemente arrojaban los cuerpos.

"¿Por qué elegimos 1993 como punto de partida? No elegimos el año. Fue hasta donde llegó mi investigación", explica

Pérez-Espino. En otras palabras, el año de 1993 quedó fijado porque en aquel momento el reportero y su unidad de investigación periodística que documentaron los casos tenían un *deadline* y no les dio tiempo de indagar más hacia el pasado. Pero el fenómeno no era necesariamente nuevo; de hecho, se remontaba varios años atrás, y también era multicausal.

"Esos datos desde entonces los tengo muy bien grabados", advierte Pérez-Espino. "Falta de vigilancia en estas avenidas. De ahí cruzan varios kilómetros prácticamente oscuros. Cruza desde el centro de la ciudad y atraviesa un montonal de colonias. Obviamente, había condiciones propicias. Al ver que no se castigaban estos asesinatos, se siguieron cometiendo".

La sociedad de Juárez y su gremio periodístico se enfrentaron a un fenómeno complejo, multicausal, cruzado por la migración, por el trasvase de población, por la miseria, por la impunidad y, sí, por la crueldad y desprecio a la vida. Frente a esto, a juicio de Ignacio Alvarado,[10] en términos generales, los periodistas se decantaron por tres vertientes:

1. Quienes trabajaron sobre la hipótesis de asesinos seriales, mafias de poder, ritos satánicos y cine *snuff*.
2. Quienes buscaron trabajar con datos concretos, recabados de forma muy artesanal.
3. Quienes (sobre todo periodistas mujeres) profundizaron en las historias de vida y las consecuencias de los asesinatos de mujeres, caso por caso, tanto en sus familias como en los procesos de investigación; la corrupción y la

> colusión del sistema político criminal en las instancias judiciales. En este aspecto fueron pioneras las autoras de *El silencio que la voz de todas quiebra*, periodistas juarenses, que buscaron dar un rostro a los cientos de mujeres asesinadas.[11]

A partir de estos tres grupos, algunos periodistas unificaron casos variados en un solo fenómeno, sin importar si éstos ocurrían en los mismos territorios o si había datos objetivos que permitieran vincularlos entre sí.

Surgieron versiones que no necesariamente estaban fincadas en indicios, sino en conjeturas, suposiciones o mitos. Y esto afectó la investigación efectiva de los crímenes, explica el periodista juarense Alejandro Páez Varela.

Quizá la más dañina para las investigaciones fue que se trataba de un solo fenómeno, el del asesino en serie o mafias del poder unificadas, coinciden Pérez-Espino y Alvarado.

Versiones

Entre 1994 y 1995 encontraron a una asesinada más en un descampado conocido entonces como Lote Bravo. El reportero Ignacio Alvarado[12] fue a cubrir la nota.

"No recuerdo el nombre de la víctima, pero era el tercer cuerpo que se encontraba en ese polígono, que es inmenso... la característica es que siempre estaban los restos de las víctimas, algunos más consumidos que otros, y los zapatos. Ahí al lado. Así es. Supongo que los aventaban, porque no es que estuvieran necesariamente emparejados los zapatos, como a veces escribía la prensa. En ese momento yo le pregunté al comandante que si después de hallar tres víctimas ahí, esto era producto de un homicida en serie. Y responde: 'Ah, mira, puede ser'. Y luego se alejó. Unos metros más adelante lo abordó la prensa, y ahí él declaró que posiblemente estaban ante un asesino en serie".

"Y ahí comienza toda la bola", concluye Alvarado.[13]

Lo que se sabía sobre los asesinos en serie entonces —y ahora— era lo que mostraba la televisión, el *bestseller* de Robert Ressler o el Hannibal Lecter de *El silencio de los inocentes*. Así que policías y reporteros empezaron a "ver" patrones donde no necesariamente los había: las víctimas son delgadas, morenas, de pelo largo, clamaba la prensa. Sí, había muchas jóvenes y morenas de cabello largo, pero, más que un perfil de víctima elegida por un asesino con una obsesión por determinadas características físicas se trataba de un patrón socioeconómico. Eran en su mayoría mujeres trabajadoras, precarizadas, que vivían en la periferia y usaban el transporte público. La mayoría de las mujeres precarizadas eran migrantes del sur, de pueblos indígenas, con cabello largo y complexión delgada. Más aún, al describirlas así, eran percibidas no como seres humanos, sino como productos en serie.

Las otras hipótesis en torno a cultos satánicos o tráfico de órganos se desprendían del estado en el que se encontraban los cuerpos: en ocasiones mutilados, con partes faltantes. Una vez se encontró un retablo "satánico". La realidad es que en Juárez ocurría de todo: violencia familiar, violencia feminicida por parte de pandillas y, seguramente sí, uno o dos o más asesinos seriales. Pero, en particular desde el periodismo practicado desde la Ciudad de México y el extranjero, existía una tendencia a unificar, a dar una respuesta única y a la vez, a despersonalizar a las mujeres y niñas víctimas de esta violencia.

"Cuando llegaban periodistas desde Estados Unidos o desde el centro del país, la mayor parte de las veces no tomaban en consideración las condiciones físicas de Juárez", explica Pérez-Espino.

> Imagínense el cuerpo de una persona a mitad del desierto… a las orillas de Ciudad Juárez. Imagínense el entorno de animales que hay. Los cuerpos empiezan a ser devorados por coyotes, por aves de rapiña. Eso explica en parte por qué les faltaban partes del cuerpo. Los ojos… los animales pequeños empiezan a comer las partes más blandas. Pero no era tanto que hubiera un patrón. Y lo más grave es que en la mayoría de los casos no supimos ni sabemos ni lo vamos a saber jamás cuál fue la causa de la muerte. Porque sólo se encontraban restos óseos. O partes del esqueleto. Pero te estoy hablando de una época donde no existía un laboratorio de ciencias forenses.

Ya lo ha escrito Willivaldo Delgadillo: hubo una exotización de Juárez, descrito como "no lugar", borrando así a las personas que viven, resisten, buscan salidas. Una explotación del dolor de otras, un dolor, un problema muy real. Como señaló Pérez-Espino, esa exotización impidió entender qué estaba pasando y bloqueó algunas iniciativas que pudieron frenar algunos casos.

Pienso, junto con Edward Said, que lo acontecido también tiene un papel en la creación de narrativas que ayudan a las potencias mundiales. Una forma de deshumanizar, inconscientemente, a las y los habitantes de estos lugares. Una manera que tiene el llamado Norte Global de sentirse bien con su propia geografía y violencia. Por ejemplo, en aquellos tiempos, la cifra de homicidios de mujeres por cada 100 mil habitantes era bastante similar entre México y Estados Unidos. De hecho, a inicios de los años noventa, en este último país era ligeramente superior.[14] Al igual que aquel Norte deposita ropa de segundas en los mercados del Sur Global, al igual que envía toneladas de basura, también coloca en estos territorios los escenarios de sus pesadillas.

Pezones cercenados

Además del mito de un tipo físico similar entre las víctimas, los asesinos seriales y los cultos de diversa índole, permaneció en el imaginario la idea de que en Ciudad Juárez a las víctimas se les arrancaban los pezones a mordidas. Esto quedó grabado en notas periodísticas, en el imaginario social, en tesis académicas.[15]

—Entonces, ¿hubo o no hubo casos de pezones cercenados? —le pregunto a Pérez-Espino.

Respira, intuyo, ordenando sus ideas y midiendo sus palabras.

—Supongo que habrá habido alguna persona que haya asesinado a una o varias mujeres y les arrancó los pezones. Pero en el conjunto mayor no se documenta que haya ocurrido así.[16]

Alrededor del año 2000 la socióloga Julia Monárrez se dio a la tarea de recopilar historias en la prensa de 1993 a 1999 buscando patrones similares. Consignó 169 casos de feminicidio, "aunque sabemos que la información obtenida no es del todo confiable, ya que, como Hepburn y Hinch afirman, los periódicos, como los/las periodistas, algunas veces están más interesados 'en obtener la historia que en la diseminación de información precisa'".[17]

De aquellos 169 casos, en cinco fueron reportados "mordidas del pezón". En el 3 % del total. En cambio, la muerte por estrangulamiento sí que representó un número importante: el 58%.[18]

Lo del pezón quedó en el imaginario. No sólo la prensa nacional e internacional lo reprodujo, sino también el cine.

En 2007 fue estrenada la película estadounidense *Bordertown* (2007), dirigida por el mexicoamericano Gregory Nava y estelarizada por Jennifer Lopez y Antonio Banderas.

Los primeros cinco minutos de la película arrancan con la violación e intento de feminicidio de Eva (Maya Zapata), una obrera de las maquiladoras, morena, delgada, ojos grandes, pelo largo. La audiencia es alimentada con escenas que una tras otra recrean las "anécdotas" que más conocemos de los casos: el autobús, el desierto, la violación tumultuaria, el ahorcamiento sexual, las mordidas en los pechos y la consecuente mutilación de los pezones. Además del conductor de autobús, se sugiere la participación de alguien más que es muy poderoso, que es quien realmente está detrás de todos los feminicidios, moviendo los hilos desde las sombras. Otro enorme mito, la unicausalidad. Luego, una tumba en el desierto, y Eva, que milagrosamente ha sobrevivido, logra desenterrarse a sí misma y busca ayuda.

Este argumento que Hollywood recreó está basado en la historia real de Nancy V. J., una niña obrera de 13 años (había falsificado documentación para poder trabajar en las maquiladoras y poder ganar un poco de dinero)[19] que fue atacada por Jesús Manuel Guardado Márquez, chofer de ruta, expolicía judicial, apodado *el Tolteca*,[20] el 18 de marzo de 1999. El hombre la llevó a un paraje solitario en el kilómetro 17 de la carretera a Casas Grandes, donde antes habían sido hallados los cadáveres de otras mujeres.[21]

Pero en *Bordertown*, Eva no es una adolescente casi niña como ocurrió en la realidad. Aunque le atribuyen 16 años, está interpretada por la actriz Maya Zapata, que en aquel entonces tenía unos 26 años.

Tras la violación, pezones, tumba en el desierto, llega a Juárez la verdadera protagonista, Laureen, interpretada por Jennifer Lopez. Ella es una periodista estadounidense, quien a lo largo de la trama salvará la vida a Eva en varias ocasiones. En un momento dado Laureen decide ocupar el lugar de Eva para atrapar a los asesinos: se "disfraza" de obrera con ayuda de Eva y una amiga de ella: se oscurece el cabello, se pone un maquillaje estridente, poco glamoroso, se coloca broches en el pelo, pulseras de hilo, un mandil. En efecto, Laureen se ve como una maquiladora más. Entonces Eva se acerca y le dice: "Ahora te ves como yo". Quizá ésta sea la escena mejor lograda de la película.

Es bajo esta caracterización, la adopción de su identidad de origen, migrante, humilde, que Laureen sufrirá un intento de violación en un tiradero de basura; pero podrá defenderse (ninguna otra mujer fue capaz de hacerlo, sólo ella) y escapar. Correrá entre basura, subirá una pila de desperdicios y caerá en un pozo repleto de cadáveres de mujeres: cuerpos en estado de descomposición que, sin embargo, llevan ropa interior tan clara que resplandece bajo la luz nocturna y tiene algo de hermoso.

Como Monárrez advierte:

> Porque, al dejar los cuerpos desnudos o semidesnudos en el abandono y en el descuido, se les arrebatan sus identidades históricas, ciudadanas y sus especificidades territoriales, y se les diluye y se les transforma en lo que Laura Donaldson —refiriéndose al acto de reunir objetos por parte del coleccionista— designa como "cosas" arrojadas al "descuido" a manera de símbolo de su valor más allá de cualquier precio debido a su rareza. Del mismo modo, tienen otra dualidad simbólica

de su poco valor humano, de ser menos mujeres, de ser mercancías fetichizadas sexualmente.[22]

Las mujeres asesinadas eran una coreografía para la historia protagónica de Laureen. Pero vale la pena indagar si este fenómeno no sólo proviene del ímpetu *civilizatorio* de Estados Unidos, y Hollywood, su maquinaria para proveer de estos sueños alineados a su ideología, que Edward Said calificaría de imperialista. Además, es caracterizada como una sobreviviente por sus cualidades intrínsecas: fuerte, temeraria, que se planta sin miedo frente a los asesinos y los cómplices. Cabe preguntarse: ¿quién puede hacerlo? Alguien que sabe que en el fondo no corre tanto peligro y a la vez da el suspiro que necesitamos de una mujer superviviente.

Entonces llegó 2010 y con ello la colección de moda otoño-invierno lanzada por dos firmas destacadas: Mac y Rodarte.

Juarez.[23]

La indignación no vino del mundo de la moda ni de las actrices de Hollywood que asistieron a la pasarela. Cuando la colección se presentó en Nueva York fue un éxito. El escándalo inició cuando las imágenes del maquillaje "bajaron" a las oficinas de reporteras y *bloggers* (entonces una actividad nueva) especializadas en moda y maquillaje. Fueron ellas quienes vieron "un problema" y, a partir de ahí, el escándalo llegó a México. Y las activistas en Ciudad Juárez hicieron lo propio para detener esta nueva explotación de la memoria de sus hijas. Las firmas ofrecieron una disculpa, argumentaron que en realidad se trataba de un homenaje a las mujeres asesinadas, retiraron su línea de México y crearon una campaña para recaudar fondos y donar a organizaciones civiles. Aunque como dijo en ese entonces la madre de una víctima: si quieren hacer un homenaje, muéstrenlas vivas, lo hermosas que eran vivas. Eso sí sería un homenaje: mostrar su belleza.

Poco después las marcas siguieron con lo de siempre: colecciones, líneas, exhibiciones en museos de arte…

En 2023 hice un pequeño ejercicio. Mostré la fotografía del diseño con la mancha a mujeres de diversas edades y estratos que no conocían el escándalo de 2010:

- PM, 43 años, periodista especializada en derechos humanos y guerra sucia: "Me da miedo, parece juventud nazi".
- L, 36 años, artista plástica, su esposo fue asesinado por el crimen organizado 10 años atrás: "Me remite a violencia, heridas, depre, enfermedad. Siento las heridas de su ropa".
- WSP, 45 años, periodista, migrante: "[La mancha roja] es el águila mexicana".
- CA, 48 años, artista plástica, ilustradora, escritora y permacultora: "Sangre. Veo un pájaro de sangre, pero por el patrón del tejido, parece también un bordado. Dado que es una mujer blanca, posiblemente una modelo, el detalle contrasta demasiado".
- E, 49 años, ama de casa, trabajadora, artista plástica con manualidades, madre de dos: "Tejido a mano, águila, abuelita".

- KU, 49 años, fotógrafa y madre de familia: "¿Supremacía blanca? La chica es blanca, el tejido podría ser más bonito, el color está hecho para que resalte la figura que evoca a un águila. Esa forma de águila es muy de Alemania".
- JO, 47 años, profesionista migrante mexicana en Europa: "Un águila bicéfala".
- ITA, 40 años, estudiante universitaria en el sistema a distancia y entrenadora de natación: "Tristeza".
- S, 19 años, estudiante: "La imagen evoca tranquilidad, porque lo refleja en lo que se puede ver de sus facciones. Me gustó la imagen por el contraste con la luz, pero considero que le hace falta tener colores más llamativos en su ropa".
- CS, 19 años, estudiante: "Me gusta la ropa, la parte de abajo quizá lo pensaría, pero por lo menos lo superior, que es en lo que se enfoca más, me gusta, creo que es una prenda linda, sencilla pero original, y cómoda, por así decirlo".
- VH, 29 años, estudiante y ama de casa: "Tensión".
- IVR, 29 años, escritora mexicoamericana de clase alta: "Me gusta mucho el *knit* (tejido), pero ese diseño no me gusta nada. El *knit* me gusta porque es un estilo de verano y de playa muy elegante. Es una forma de vestir para el calor muy chic. Este diseño en particular no me gusta, por los colores".

—¿Qué te transmiten los colores?

—No sé qué me transmiten los colores, pero me da como… no sé […]. Si todo fuera beige, bueno. Pero ese intento de mancha o águila o Batman que tiene en medio está muy feo.

Aquel mismo año, 2023, la firma Dior lanzó su colección Dior Cruise 2024. Las colecciones Cruise (crucero) tienen como idea prendas que las clientas –las mujeres de clase alta de Europa– vestirían durante sus viajes por el mundo. Por eso cada año la presentación cambia de locación, invitando a visitar tierras exóticas. Ese año el evento tuvo lugar en el Antiguo Colegio de San Ildefonso, en la Ciudad de México. La colección retomó elementos de Frida Kahlo, mariposas monarcas, amazonas y muchos textiles originarios de México, siempre con un *twist* "chic". Al finalizar se llevó a cabo otra pasarela: las modelos, de cabellos negros y gruesas trenzas, portaron vestidos blancos bordados en hilo rojo a mano con frases como "viva mi vida", "gorda", "víbora", "corre por tu vida". Calzaban zapatos rojos, inspirados en la instalación de los zapatos rojos de Elina Chauvet, quien también lideró el bordado de los vestidos. Dijeron, como siempre, que buscaban crear conciencia y que los vestidos eran piezas de arte y no estaban a la venta.

Es 2025 y me pregunto si, como sugiere el artista Thomas Demand en su exhibición "The Stutter of History", las imágenes que producimos se quedan dando vueltas en las redes sociales, en internet, en los archivos periodísticos, y conforman una memoria difusa e inconsciente, un *déjà vu*. Me pregunto si esta memoria parcialmente olvidada pero aún presente en nuestra ecología de imágenes sigue elaborando un discurso sobre aquellas mujeres asesinadas, sobre nosotras como mexicanas con acceso casi únicamente a la visión que otros tienen de nosotras, pero sin poder representarnos a nosotras mismas, todo para que algunas mujeres consuman culturalmente una dosis de violencia que parece lejana a su mundo.

No se puede decir que mi apresurada encuesta arroje información sólida alguna, pero recuerdo a la mujer cuyo esposo fue arrebatado por el crimen y que en la ropa de la pasarela "ve las heridas". Quienes hemos vivido de cerca la violencia nos toca de forma distinta: vivimos sumergidas en imágenes, tartamudeos, fragmentos, descoyuntamientos emocionales y olvidados de nuestra historia que nos lastiman de manera distinta.

Conclusiones

El objetivo principal de este trabajo fue explorar los motivos detrás de la representación de feminicidios y violencia sexual contra mujeres y niñas en la publicidad de moda femenina de alta gama. Encontré que al menos en Occidente, la violencia feminicida juega un papel importante en la ecología simbólica. Este tipo de violencia, como han señalado diversas autoras, forma parte de una amenaza constante, con miras a una disciplina, a un sometimiento. Esto, desde mi punto de vista tendría mucha correspondencia con lo concluido por Falquet, sobre una guerra de baja intensidad contra las mujeres, y con lo que observa Segato, respecto a la violencia sexual como una herramienta de disciplina ejercida por hombres.

Propongo tres categorías (inicialmente eran dos, pero durante la exploración, concluí que era necesaria una tercera):

La buena víctima (hija de Jefté). La santificación de estas víctimas inocentes conlleva como consecuencia paradójica la no persecución del criminal. En la actualidad, en esta categoría se encuentran también las niñas e infantes víctimas de violencia.

La mala víctima (la bruja o la prostitua). Mujeres de moral dudosa, las brujas, las brujas viejas, como Walpurga, una curandera anciana que ya no es de utilidad a su comunidad. También se encuentran mujeres "dispensables", mujeres que, en esta narrativa, "no valdría la pena" llorar, o sólo llorar "poquito", las trabajadoras sexuales o en condición de prostitución (Nancy en Oliver Twist, Natasha, en *El Idiota*). Pareciera que muchas de las publicidades de alta gama "contarían historias" sobre este grupo.

La que sobrevive (a la que llamo La Sherezade) es la tercera categoría que de inicio no tenía contemplada. Una mujer que en ocasiones funge como icono feminista al evadir con su inteligencia y capacidades el peligro feminicida. Mas paradójicamente, a la larga refuerza la invisibilidad de las otras dos, y se transforma en una salida narrativa que apela a las cualidades intrínsecas de una mujer en concreto, y no a la organización y transformación de las condiciones que propician estos peligros y amenazas.

Por su parte, los perpetradores también son caracterizados desde una lógica patriarcal:

El hombre atormentado que debe sacrificar a alguna de sus mujeres inocentes (hija, esposa, concubina o amante) para la guerra. En tiempos contemporáneos, se empata con el hombre atormentado que "debió" matar a su mujer, por celos, deshonra u otra justificación.

Durante la Antigüedad y durante la cacería de brujas, hubo un hombre que aniquila lo monstruoso femenino, **el héroe o**

cazador de brujas. Esto se encuentra vinculado a la violencia justificada contra mujeres para desposeerlas. Pero al menos en Occidente parece en desuso ya esta categoría.

El monstruo u hombre lobo. Anomia de los hombres, que luego encarnará en el **asesino serial**. Es caracterizado como animal o incomprensible, algo que sale del contrato social y a ése sí hay que perseguirlo.

Finalmente, y sobre todo desde el siglo XX, hay una cuarta categoría en esta masculinidad relacionada con la violencia hacia las mujeres. Éste no les hace daño a ellas, sino a los monstruos: el **hombre que caza asesinos** de mujeres, el cual tiene un privilegio especial al encarnar la racionalidad, la fuerza e inteligencia del mandato masculino.[1]

Estas clasificaciones no son monolíticas y suelen entremezclarse. La idea de categorizar tiene el objetivo de tratar de comprender este fenómeno y proponer líneas de investigación y nuevas preguntas.

Otro de los hallazgos de mi investigación documental es que las mujeres, al menos desde la ilustración, hemos mostrado un interés acuciado en historias de lo sobrenatural y de crímenes por parte de asesinos solitarios, violencia sexual. Quizá esto emana precisamente de la amenaza constante de ser agredida de esta manera. Esto, a diferencia de los hombres, quienes, según la literatura disponible, mostrarían mayor interés en la violencia de la guerra. Sin embargo, hace falta que las mujeres puedan producir conocimiento e investigación en estos temas con mayor medida.

Es en el siglo XX cuando se da más exposición mediática a los asesinos seriales y a la violencia sexual explícita. La violencia estudiada en la publicidad irrumpe de forma visual a partir de la segunda mitad del siglo XX, aparejado con el surgimiento de la cultura de masas.

Si bien no fue mi herramienta de análisis principal, a lo largo de la investigación realicé pequeños ejercicios de recepción de las imágenes preguntando a mujeres de estratos y edades variados. Las diversas mujeres *leemos* de forma distinta las imágenes, según los referentes previos que tenemos y el lugar social que ocupamos. Estos productos nos afectan más profundamente si conocemos un caso real y lo percibimos cercano. Una imagen —inspirada en el suicidio de Silvia Plath, por ejemplo—, algunas mujeres ven a un ama de casa, otras "sienten que algo no está bien". Pero quienes han estado expuestas al hecho histórico tienen una respuesta emocional más intensa, aunque a veces no es negativa. El impacto será más profundo en mujeres que hayan sufrido violencia directamente, o tengan más grados de vulnerabilidad. En otros casos la mistificación sólo convierte esta simbología en ruido, el ruido mediático de referentes indescifrables al que estamos expuestos a diario. Muy probablemente (aunque repito, se requiere estudiarlo más) nos entumece, probablemente reifique, naturalice relaciones que podemos transformar. El efecto de toda esta violencia difusa es un tema por estudiar.

Algunos apuntes respecto a los motivos y símbolos más utilizados en la representación: noté una recurrencia en publicidad para zapatos de tacón con feminicidios explícitos. En muchos casos se "sugiere" una historia —y aventura sexual— llena de emociones intensas, pasiones prohibidas, en la que una de las imágenes es el resultado final: un cuerpo inerte, asesinado. Se encuentran también las víctimas infantilizadas, usualmente caracterizadas como víctimas inocentes. En 2023, Balenciaga lanzó una campaña de bolsas. Fotografiaron a niñas pequeñas, de unos 4 años, junto a alcohol, drogas y juguetes sexuales. La campaña, gracias a protestas feministas, fue retirada. Yo sigo preguntándome si dicha campaña debió ser investigada por probable explotación sexual infantil en modo de pornografía. Me sigo preguntando qué esperaban que pasase y me sigue doliendo la indefensión de la niñez en esta sociedad de consumo sensacionalista sin límite.

Pero hay siempre esperanza. La campaña de Balenciaga, gracias a protestas feministas, fue retirada. La toma de conciencia, la discusión de estos temas, la organización de personas en torno a intereses comunes, la búsqueda de una sociedad menos violenta sí puede transformar la realidad. Y podemos cultivar una cultura diferente.

Referencias

"A unos pasos de la casa de Goyo Cárdenas… su árbol de granadas y la leyenda de la plaga de moscas". *El Universal*, 5 de septiembre de 2019.

Almazán Rojas, Carla Ailed. "Análisis de las evaluaciones psiquiátricas y psicológicas realizadas al famoso asesino 'Goyo Cárdenas' (1942-1976) y su representación social". Tesis de licenciatura, UNAM, 2016.

Álvarez, Carlos. "Goyo Cárdenas: el asesino de colegialas". *La Prensa*, 3 de noviembre de 2023.

Álvarez, Nazira. "El Mito de Ifigenia En Áulide: La Violencia En El Sacrificio Ritual de Las Parthenoi." *Káñina* 41, no. 3 (2017): 23–38. https://doi.org/10.15517/rk.v41i3.31949.

Andersen, Hans Christian. *Los zapatos rojos*. Madrid: Impedimenta, 2011.

Andrade Martínez, Enrique. "Procesos, Discursos y Prácticas Estructurantes de La Violencia Contra Las Mujeres En Ciudad Juárez." Kamchatka. Revista de Análisis Cultural, no. 10 (2017): 427–46. https://doi.org/10.7203/KAM.

Archivo Histórico del Distrito Federal, Fondo del Departamento del Distrito Federal, sec. Jefatura de Policía, Servicio Secreto, caja 7, exp. N/522/5426, año 1942-IX-8.

Barstow, Anne. *Witchcraze: A New History of the European Witch Hunts*. Londres: Pandora, 1994.

Basarte, Ana. "'El cuento de la doncella sin manos': versiones hispánicas medievales y la tradición oral en América". *Letras*, núms. 67-68 (2013): 27-38.

Beauty and the Beast. Folktales of ATU Type 425C, s. f. https://sites.pitt.edu/~dash/type0425c.html#garden

Benítez, Rohry, Adriana Candia, Patricia Cabrera, Guadalupe De la Mora, Josefina Martínez, Isabel Velázquez y Ramona Ortiz, *El Silencio Que La Voz de Todas Quiebra*, Ciudad Juárez: Ediciones del Azar, 1999.

Benjamin, Walter. *Discursos interrumpidos I*. Prólogo, traducción y notas de Jesús Aguirre. Buenos Aires: Taurus, 1989.

Biblia de Jerusalén. Bilbao: Desclée De Brouwer, 1975.

"Black Dahlia (Elizabeth Short)". Parte 1. FBI Records: The Vault, s. f. https://vault.fbi.gov/Black%20Dahlia%20%28E%20Short%29%20/.

Boling, Kelli S., y Kevin Hull. "Undisclosed Information—Serial Is My Favorite Murder: Examining Motivations in the True Crime Podcast Audience". *Journal of Radio and Audio Media* 25, núm. 1 (2018): 92-108.

Bourdieu, Pierre. *La dominación masculina*. Madrid: Anagrama, 2007.

Caso, Alfonso, y Miguel Covarrubias. *El pueblo del sol*, 1.ª ed., 6.ª reimp. México: Fondo de Cultura Económica, 1993.

Barranco Chavarría, Alberto "Barba Azul Mexicano". *Contenido*, 538 (abril 2008): 20-26.

Cohen, Daniel A. "The Beautiful Female Murder Victim: Literary Genres and Courtship Practices in the Origins of a Cultural Motif, 1590-1850". *Journal of Social History* 31, núm. 2 (1997): 277-306.

Cortés Nava, Ana María. "Cómo capturar y eliminar a las brujas según el *Malleus Maleficarum* o *Martillo para las brujas* (1487)". En *Mujeres en la hoguera. Representaciones culturales y literarias de la figura de la bruja.* Coordinado por Marina Fe. México: UNAM, 2014.

Cruz Romero, Karina Maribel. "Los factores criminógenos que influyeron en Gregorio Cárdenas". Tesis de licenciatura, UNAM, 2008.

Cucchiari, Salvatore. "La revolución de género y la transición de la horda bisexual a la banda patrilocal". En *El género. La construcción cultural de la diferencia sexual.* Compilado por Marta Lamas. México: UNAM/Miguel Ángel Porrúa, 1996.

"Dahlia Noir". *La central de perfume*, s. f. https://www.lacentraldelperfume.com/givenchy-dahlia-noir-edp-30.

DeLamotte, Eugenia C. Perils of the Night: A Feminist Study of Nineteenth-Century Gothic. New York: Oxford University Press, 1990.

De Sahagún, Bernardino. *Historia general de las cosas de la Nueva España.* https://www.biblioteca-antologica.org/es/

wp-content/uploads/2018/05/SAHAG%C3%9AN-Historia-General-de-la-Nueva-Espa%C3%B1a-I.pdf.

Defoe, Daniel. *Quién anda ahí. Los mejores relatos de fantasmas aparecidos en Valdemar*. Madrid: Valdemar, 2010.

Delhalle, Jean-Claude, y Albert Luykx. "Coatlicue o la degollación de la madre". *Indiana*, núm. 12 (1992): 15-20.

Di Carluccio, Sarah. "Women's Timeless Fascination with True Crime and Horror". Tesis de maestría, Universidad Estatal de Nueva York, Albany, 2022.

Eatwell, Piu. *Black Dahlia, Red Rose: The Crime, Corruption, and Cover-Up of America's Greatest Unsolved Murder*. Nueva York/Londres: Liveright, 2017.

Eisler, R. T. (2008). *El cáliz y la espada: Nuestra historia, nuestro futuro*. Cuatro vientos.

Eco, Umberto. *La Edad Media. I. Bárbaros, cristianos y musulmanes*. México: Fondo de Cultura Económica, 2019.

Esquilo. "Agamenón". https://aulico.files.wordpress.com/2008/10/agamenon-esquilo.pdf.

Eurípides. *Ifigenia en Áulide*. https://dramaticas.una.edu.ar/assets/files/file/artes-dramaticas/2014/2014-ad-una-cpu-2015-texto-ifigenia-en-aulide-euripides.pdf.

Falquet, Jules. *Pax neoliberalia. Perspectivas feministas sobre (la reorganización de) la violencia contra las mujeres*. Buenos Aires: Madreselva, 2017.

Fe, Marina (coord.). *Mujeres en la hoguera. Representaciones culturales y literarias de la figura de la bruja*. México: UNAM, 2014.

Federici, Silvia. *Calibán y la bruja: Mujeres, cuerpo y acumulación originaria*. Madrid: Traficantes de Sueños, 2010.

Foucault, Michel, and Aurelio Garzón del Camino. La arqueología del saber. Segunda edición, Revisada. México, D.F.: Siglo Veintiuno, 2017.

Fortini, Amanda. "The Sisters Behind Rodarte." *The New Yorker*, January 10, 2010. https://www.newyorker.com/magazine/2010/01/18/twisted-sisters.

Fortoul van der Goes, Teresa. "La que se adorna con cascabeles". *Revista de la Facultad de Medicina de la UNAM* 62, núm. 1 (2019): 57-58.

Ginzburg, Carlo. *The Night Battles: Witchcraft and Agrarian Cults in the Sixteenth and Seventeenth Centuries.* Abingdon: Routledge, 1983.

"Givenchy Dahlia Noir", *Beauty Blogette*, s. f. https://beautyblogette.net/en/givenchy-dahlia-noir-2/.

Godelier, Maurice. *El enigma del don.* Barcelona: Paidós, 1998.

"Goyo Cárdenas: el estrangulador de Tacuba (primera parte)". *Zeta Tijuana*, 29 de Abril de 2019.

González Rodríguez, Sergio. Huesos en el desierto. Crónicas Anagrama 54. Barcelona: Anagrama, 2002.

Graf, Dianne. "Rereading Female Bodies in Little Snow-White: Independence and Autonomy versus Subjugation and Invisibility". Tesis de maestría, Universidad de Wisconsin, 2008.

Graves, Robert. *La diosa blanca. Una gramática histórica del mito político.* Editado por Grevel Lindop. Traducido por William Graves. Madrid: Alianza, 2019.

"Historia: 'Goyo' Cárdenas, el primer asesino serial de mujeres en México". *Pulso*, 6 de septiembre de 2019.

Hodge McCoid, Catherine, y Leroy D. McDermott. "Toward Decolonizing Gender: Female Vision in the Upper Paleolithic". *American Anthropologist* 98, núm. 2 (1996): 319-326.

Hurst, Jane. *La historia de las ideas sobre el aborto en la Iglesia católica*. Traducido por Caridad Inda, 4.ª ed. México: Católicas por el Derecho a Decidir, 1996.

"International Homicides, Female (per 100,000-United States, Mexico". World Bank Group Data, s. f. https://data.worldbank.org/indicator/VC.IHR.PSRC.FE.P5?locations=US-MX&most_recent_value_desc=true.

(N/A) "Investigating the Deathly Side of Guy Bourdin | Photography | Agenda | Phaidon." March 2017. https://www.phaidon.com/agenda/photography/articles/2017/march/29/investigating-the-deathly-side-of-guy-bourdin/.

Jacque Lynn Foltyn. "Corpse Chic: Dead Models and Living Corpses in Fashion Photography." In Fashion Forward, 379–92. Oxford: Brill, 2011.

Jennett, Karen Diane. "Female Figurines of the Upper Paleolithic". Tesis de licenciatura, Universidad de Estatal de Texas, San Marcos, 2008.

Khokhar, Saif Ali, y Dr. Satkala. "The Representation of the 'Monstrous Feminine' in *The Monk*". *International Journal of Creative Research Thoughts* 7, núm. 2 (2019): 348-350.

Kramer, Heinrich, y Jacob Sprenger. *Malleus Maleficarum*, 1487.

Lewis, Patricia; Nadine J. Kaslow, Yuk Fai Cheong, Dabney P. Evans y Kathryne M. Yount. "Femicide in the United

States: A Call for Legal Codification and National Surveillance". *Frontiers in Public Health* (2024): 1-5.

López Aguilar, Fernando, y Haydeé López Hernández (eds.), *Huichapan: tres momentos de su historia*. Pachuca: Consejo Estatal para la Cultura y las Artes de Hidalgo, 2014.

Lowrence, Lordwin. "A Feminist Analysis on Seeking the Identity of Jephthah's Daughter", 2011. https://www.academia.edu/19591591/A_Feminist_Analysis_on_Seeking_the_Identity_of_Jephthahs_Daughter.

Ludmer, Josefina. "Las estrategias del débil" en La sartén por el mango, Ediciones El Huracán, Puerto Rico, 1985

Mabee, Barbara. "Reception of Fairy Tale Motifs in Texts by Twentieth-Century German Women Writers". *Femspec* 1, núm. 2 (1999): 16-29.

Madriz, Esther I. "Images of Criminals and Victims: A Study on Women's Fear and Social Control". *Gender and Society* 11, núm. 3 (1997): 342-356.

Martínez, Angélica. "Los fantasmas en la casa de Goyito". En *México en cien reportajes, 1971-1980* (México: Pipsa, 1990).

Matos Moctezuma, Eduardo. "Las seis Coyolxauhqui: variaciones sobre un mismo tema". *Estudios de Cultura Náhuatl*, núm. 21 (1991): 15-29.

McNeill, Sandra. "Woman Killer as Tragic Hero". En *Femicide: The Politics of Women Killing.* Editado por Jill Radford y Diana Russell. Nueva York: MacMillan, 1992.

Meade, Everard. "From Sex Strangler to Model Citizen: Mexico's Most Famous Murderer and the Defeat of the Death

Penalty". *Mexican Studies/Estudios Mexicanos* 26, núm. 2 (2010): 323-377.

Mejía Isaza, Tatiana. "Interpretación y predicación de textos de violencia del Antiguo Testamento: Jefté y su hija, un caso de feminicidio". Tesis de grado, Fundación Universitaria Seminario Bíblico de Colombia, Facultad de Teología, 2018.

Melero Gracia, María Luisa. "Muerte en Mispá. El caso de la hija de Jefté (Jue 11,29-40)". En *La violència en la Bíblia. Scripta Biblica*, núm. 9 (2009): 67-86

Michelet, Jules. *La bruja. Una biografía de mil años fundamentada en las actas judiciales de la Inquisición.* Traducido por Rosina Lajo y María Victoria Frígola, 5.ª ed. Madrid: Akal, 2019.

Mies, Maria. *Patriarcado y acumulación a escala mundial.* Traducido por Paula Martín y Carlos Fernández Guervós. Madrid: Traficantes de sueños, 2019.

Miller, J. M. (Ed.). (2009). 21st Century Criminology: A reference handbook. Sage.

Millet, Kate (trad 1995). Política Sexual, Ediciones Cátedra, Universidad de Valencia. Instituto de la Mujer. Trad. Ana María Bravo García

Monárrez, Julia. "Las víctimas del feminicidio juarense: mercancías sexualmente fetichizadas". *Fermentum* 16, núm. 46 (2006): 429-445.

Mora do Campo, María del Mar. "Primeros coqueteos entre reportaje y novela: Daniel Defoe, Edgar Allan Poe y Fiodor Dostoievski". *Estudios sobre el Mensaje Periodístico* 8 (2002), 221-230.

Navarro Puerto, Mercedes. *Violencia, sexismo, silencio. In-conclusiones en el libro de los Jueces*. Estella, Navarra: Verbo Divino, 2013.

Oliva, Jorge. "La mujer y el mito". Biblioteca Virtual Miguel de Cervantes, 2007. https://www.cervantesvirtual.com/obra/la-mujer-y-el-mito-0/.

"Oliver Twist", Britannica, s. f. https://www.britannica.com/topic/Oliver-Twist-novel-by-Dickens.

"Origen de los Tobas (Qom)". Pueblos Originarios, s. f. https://pueblosoriginarios.com/sur/chaco/toba/origen.html.

Orlean, Susan. El ladrón de orquídeas: una historia verdadera de belleza y obsesión. Primera edición en "Compactos": marzo 2019. Colección Compactos 733. Barcelona Editorial Anagrama, 2019.

Pellat, Ch. "ALF LAYLA WA LAYLA," Encyclopædia Iranica, I/8, pp. 831-835; an updated version is available online at http://www.iranicaonline.org/articles/alf-layla-wa-layla (accessed on 18 May 2014).

Peterson, Britt. "Victims, Families and America's Thirst for True-Crime Stories". *The Washington Post*, 30 de julio de 2019.

Phelps, Nicole. "Rodarte Fall 2010 Ready-To-Wear". *Vogue*, 15 de febrero de 2010.

Piccato, Pablo. "El significado político del homicidio México en el siglo XX". *Cuicuilco* 15, núm. 43 (2008): 57-80.

__________. *Historia nacional de la infamia. Crimen, verdad y justicia en México*. México: CIDE/Grano de Sal, 2020.

Quiroz Cuarón, Alfredo. *Un estrangulador de mujeres*. México, 1952.

Radford, Jill, y Diana Russell (eds). *Femicide: The Politics of Woman Killing*. Nueva York: Macmillan, 1992.

Ramas San Miguel, Clara. *Fetiche y mistificación capitalistas. La crítica de la economía política de Marx*. Madrid: Siglo XXI, 2018.

Revueltas, José. "La mente de Goyo Cárdenas". *El Popular*, octubre de 1942. Recuperado en *La Jornada Semanal*, 31 de marzo de 1996.

Ríos Molina, Andrés. *Memorias de un loco anormal. El caso de Goyo Cárdenas*. México: Debate, 2010.

Rivera Garza, Cristina. *El invencible verano de Liliana*. México: Literatura Random House, 2021.

Rodríguez, Ana Mónica. "Arqueólogos del INAH ubican el sitio donde nació Huitzilopochtli". *La Jornada*, 14 de enero de 2014.

Rosemberg, Florence, y Estela Troya, *El ocaso de la diosa. Incesto, género y parentesco*. México: Porrúa/ILEF, 2012.

Scheerer, Sebastián. "Mitos y mítodo. Hacia una simbología social de homicidas seriales y profilers". *Delito y Sociedad* 1, núm. 20 (2016), 103-118.

Scott, J. (1996). El género: Una categoría útil para el análisis histórico. En El género: La construcción cultural de la diferencia sexual (pp. 265-302). PUEG UNAM.

Segato, Rita. *Contra-pedagogías de la crueldad*. Buenos Aires: Prometeo Libros, 2018.

———. "La célula violenta que Lacan no vio". En *Las estructuras elementales de la violencia. Ensayos sobre género entre la antropología, el psicoanálisis y los derechos humanos*. Buenos Aires: Universidad Nacional de Quilmes, 2003.

Shelley, Mary. *Frankenstein*. Nueva York: Dover Publications, 1994.

Soto, Jessica, y Fernando Palacios. "Los cuatro crímenes de 'el Goyo' Cárdenas, el feminicida que impactó a México en 1942". *El Universal*, 15 de febrero de 2020.

Stewart, A. (2017, mayo 7). 'My Favorite Murder' and the growing acceptance of true-crime entertainment. Washington Post.

Thill, Jana; Silvija Miosic, Romel Ahmed, Karin Schlangen, Gerlinde Muster, Karl Stich y Heidi Halbwirth. "'Le Rouge et le Noir': A Decline in Flavone Formation Correlates with the Rare Color of Black Dahlia (*Dahlia variabilis* Hort.) Flowers. *BMC Plant Biology*, núm. 12 (2012): art. 225.

Thompson, J. L. (2001). Writing the wrongs: Women of the Old Testament among biblical commentators from Philo through the Reformation. Oxford University Press.

Tuttle, Kate. "Why Do Women Love True Crime". *The New York Times*, 16 de julio de 2019.

Valdez Chávez, César Enrique. "Enemigos. Vigilancia y persecución política en el México posrevolucionario (1924-1946)". Tesis de doctorado, El Colegio de México, 2017.

Vázquez, Juan de Dios. "La fábrica del asesino el Goyo Cárdenas y las transformaciones identitarias de homicida serial". *Estudios de Historia Moderna y Contemporánea de México*, núm. 42 (2011): 109-140.

Vicary, Amanda M., y R. Chris Fraley. "Captured by True Crime: Why Are Women Drawn to Tales of Rape, Murder, and Serial Killers?". *Social and Psychological and Personality Science* 1, núm. 1 (2010): 81-86.

"Watch: Givenchy's Dahlia Noir Ad Starring Mariacarla Boscono", *The Independent*, 15 de agosto de 2011.

Wolfe, Donald H. *The Black Dahlia Files: The Mob, the Mogul, and the Murder that Transfixed Los Angeles*. Nueva York: Regan, 2006.

Zarranz Imirizaldu, Juan José. "El controvertido informe del Dr. Lafora sobre Gregorio (Goyo) Cárdenas, 'el estrangulador de Tacuba'". *Neurosciences and History* 8, núm. 1 (2020): 1-11.

Notas

Prólogo

[1] Vivian Gornick, *Por qué algunos hombres odian a las mujeres* (México: Sexto Piso, 2024), 2.

Introducción

[1] Thomas, Emily. "Disturbing Fashion Shoot Evokes Delhi Bus Gang Rape." HuffPost, August 6, 2014. https://www.huffpost.com/entry/raj-shetye-the-wrong-turn-bus-rape-photo-shoot_n_5651707.

[2] Jezebel. "Vice Published a Fashion Spread of Female Writer Suicides [Updated]" June 17, 2013. https://jezebel.com/vice-published-a-fashion-spread-of-female-writer-suicid-513888861.

[3] Es publicidad para la marca de zapatos de alta gama Charles Jourdan, la cual ya no existe.

[4] "Investigating the Deathly Side of Guy Bourdin | Photography | Agenda | Phaidon." March 2017. https://www.phaidon.com/agenda/photography/articles/2017/march/29/investigating-the-deathly-side-of-guy-bourdin/.

[5] Jacque Lynn Foltyn, "Corpse Chic: Dead Models and Living Corpses in Fashion Photography."

[6] Clara Ramas San Miguel, *Fetiche y Mistificación Capitalistas (2ª Edición): La Crítica de La Economía Política de Marx* (Madrid: Siglo XXI, 2021).

[7] Walter Benjamin, *Libro de los Pasajes*, Akal /Vía Láctea 3 (Madrid: Akal, 2005).

1. Goyo Cárdenas, la voz del asesino, el silenciamento de las inocentes

[1] Walter Benjamin, *Discursos interrumpidos I*, pról., trad. y notas de Jesús Aguirre (Buenos Aires: Taurus, 1989), 57.

[2] Hannah Arendt, La crisis de la cultura: su significado político y social (Editorial Península: Barcelona 1996), 262.

[3] Hay una fotografía del agente en los diarios de la época. *La prensa*, 10 de septiembre de 1942.

[4] Actualmente es el número 57 de Mar del Norte.

[5] El Servicio Secreto del Distrito Federal fue la instancia de vigilancia política que daba continuidad a los trabajos de las comisiones de Seguridad. Desapareció cuando en 1976 se creó la División de Investigaciones para la Prevención de la Delincuencia. Se coordinaba con instancias de la Secretaría de Gobernación e investigó algunos casos célebres, entre ellos el homicidio de Trotsky y los crímenes de Gregorio Cárdenas. Véase César Enrique Valdez Chávez, "Enemigos. Vigilancia y persecución política en el México posrevolucionario (1924-1946)" (tesis de doctorado, El Colegio de México, 2017).

[6] Los diálogos y la escenificación están fuertemente basados en las declaraciones halladas en el expediente y lo recabado por los agentes del Servicio Secreto del Distrito Federal. Se trata, no obstante, de una ficcionalización.

[7] Es Elvira Vázquez a quien más destacan los medios de la época, ya que dio varias entrevistas.

[8] De acuerdo con el relato del Agente 104, habría sido él quien se opuso a dar por buena la versión de Goyo, mientras que el agente 35 trabajó en el caso de mala gana, dejándole a aquél la carga.

[9] En su declaración en el expediente del Servicio Secreto, el agente 104, de quien nunca se consigna el nombre, se presume molesto con el agente 35, quien asumió que Graciela se había ido a Estados Unidos.

[10] El padre de Graciela interpuso su denuncia el día 3 de septiembre, a las 10 de la mañana.

[11] Así lo dijo el padre en su declaración.

[12] Quizá no buscaron en el jardín porque en aquel momento buscaban a Graciela con vida. Sin embargo, refleja un aspecto importante: la falta de método por parte de la que entonces era la policía de élite del Distrito Federal.

[13] Consultado con especialistas en criminalística.

[14] Asumimos que éste fue el primer cadáver en ser desenterrado, por la posición de los pies. El informe refiere tres cuerpos a los que se les asignó, de forma arbitraria, no especifica, respecto al orden de exhumación.

15 Después la identificarían como Rosa.

16 Luego la identificarían como Raquel, según el expediente del Servicio Secreto.

17 *La Prensa*, 8 de septiembre.

18 *El Nacional*, 9 de septiembre de 1942.

19 Según el relato de Alfonso Quiroz Cuarón, *Un estrangulador de mujeres* (México, 1952).

20 Véase Pablo Piccato, "El significado político del homicidio México en el siglo XX", *Cuicuilco* 15, núm. 43 (2008): 57-80.

21 *El Universal*, 9 de septiembre de 1942. Citado en Andrés Ríos Molina, *Memorias de un loco anormal. El caso de Goyo Cárdenas* (México: Debate, 2010), 33.

22 Fotografía observada en Angélica Martínez, "Los fantasmas en la casa de Goyito", en *México en cien reportajes, 1971-1980* (México: Pipsa, 1990).

23 Según nota del diario *El Nacional*, 9 de septiembre de 1942, primera sección, 5.

24 Este dato sólo lo he hallado en el libro ya citado del criminólogo Alfonso Quiroz Cuarón, en el que sostiene su tesis de que Goyo era imputable por los crímenes y sabía lo que hacía.

25 *La Prensa*, 8 de septiembre de 1942.

26 *La Prensa,* 8 de septiembre de 1942.

27 *El Nacional*, 8 de septiembre de 1942.

28 *La Prensa*, 12 de septiembre de 1942.

29 *La Prensa*, 15 de septiembre de 1942.

30 *La Prensa*, 15 de septiembre de 1942.

31 *La Prensa*, 15 de septiembre de 1942.

32 Benjamín Vargas Sánchez, "Traslado el Chacal", *La Prensa*, 15 de septiembre de 1942.

33 ¿Por qué hay "fanáticos" del *true crime*? Más aún, ¿qué significa ser fanático de *true crime*? La definición de esta palabra de la RAE dice, en su primera acepción, "partidario apasionado e intransigente de una persona o unas ideas". En su segunda: "Preocupado o entusiasmado ciegamente por algo".

34 Dos de los asesinos múltiples más "célebres" en Estados Unidos. De nuevo, ¿qué es ser "célebre"?

35 Britt Peterson, "Victims, Families and America's Thirst for True-Crime Stories", *The Washington Post*, 30 de julio de 2019.

36 Amanda M. Vicary y R. Chris Fraley, "Captured by True Crime: Why Are Women Drawn to Tales of Rape, Murder, and Serial Killers?", *Social and Psychological and Personality Science* 1, núm. 1 (2010): 81-86.

37 Al respecto, cabe mencionar cómo esta decantación por sexo respecto al consumo de violencia coincide también con otro inicio patriarcal: si el primer feminicidio registrado en la Biblia, el de la hija de Jefté, tiene que ver con la necesidad de su padre de ganar una guerra, llama la atención que a lo largo de

los siglos se siga reproduciendo, por un lado, el feminicidio como mensaje de terror a las mujeres, y la guerra como mensaje a los hombres. El dato referido sobre la diferencia de consumo viene del mismo estudio de Vicary y Fraley, "Captured by True Crime".

38 Allison Stewart, "'My Favorite Murder' and the growing acceptance of true-crime entertainment" The Washington Post (2017, mayo 7). https://www.washingtonpost.com/lifestyle/my-favorite-murder-and-the-growing-acceptance-of-true-crime-entertainment/2017/05/07/7c9b53d8-2f71-11e7-9dec-764dc781686f_story.html

39 Kelli S. Boling y Kevin Hull, "Undisclosed Information—Serial Is My Favorite Murder: Examining Motivations in the True Crime Podcast Audience", *Journal of Radio and Audio Media* 25, núm. 1 (2018): 92-108.

40 Boling y Hull, "Undisclosed Information".

41 Un ensayo personal que, sin embargo, ha sido multicitado en la prensa estadounidense. Kate Tuttle, "Why Do Women Love True Crime", *The New York Times*, 16 de julio de 2019.

42 Esther I. Madriz, "Images of Criminals and Victims: A Study on Women's Fear and Social Control", *Gender and Society* 11, núm. 3 (1997): 342-356.

43 Comunicación personal, 1 de agosto de 2024.

44 Comunicación personal, 31 de julio de 2024.

45 Comunicación personal, 31 de julio de 2024.

46 Se publicaron fotos de este momento en varios diarios.

47 Así se conoce a este periodo económico de México, en el que la expropiación petrolera, el proteccionismo estatistas, así como la ventaja relativa que la Segunda Guerra Mundial otorgó al país, permitieron cierta bonanza económica.

48 Así la describió Cárdenas textualmente en su declaración, mecanografiada por él mismo.

49 *La Prensa*, 10 de septiembre de 1942.

50 El nombre de su academia se encuentra en una entrevista periodística de *La Prensa*, 10 de septiembre de 1942.

51 Lo cuenta la madre en realidad a *La Prensa*.

52 No hay datos disponibles para confirmar lo que escribo a continuación, es sólo una hipótesis. Llama la atención que Gregorio Cárdenas le haya "invitado un sándwich" justo antes del feminicidio. Dado que probablemente él le suministró alguna sustancia a su esposa Sabina para inducirle un aborto, precisamente "invitándole un sándwich", no es descabellado pensar que quizá también procuró alguna sustancia a Graciela y en realidad la trasladó inconsciente a su domicilio, quizá con el fin de forzar el compromiso que anhelaba. Pareciera que en las acciones de Goyo con respecto a Graciela hay una motivación de escalar socialmente. Pero, de nuevo, es sólo una suposición.

En el expediente del Servicio Secreto no hay copias de las autopsias. Éstas son sólo referidas en las notas periodísticas y en el libro de Quiroz Cuarón. Sobre Graciela la prensa difunde que podría haber muerto por un golpe en la cabeza (Goyo se apresuró a explicar éste, asegurando que el cuerpo se le "cayó" cuando intentaba meterlo a su casa) y se habla de restos de alimentos en la faringe. En el caso del libro de Quiroz Cuarón, él asegura que la autopsia determinó que el himen estaba intacto y que en el cuerpo no se detectaron sustancias. Pero habría que tomar estos resultados con cuidado, dado el estado de descomposición de los cadáveres y las limitaciones de la ciencia forense en aquella época (incluso en la época actual, los peritajes suelen ser deficientes, no hay elementos para suponer que fueran mejores en 1942). Además, en las primeras declaraciones de los agentes que hicieron la exhumación, hablaron de coitos violentos en los tres cuerpos rescatados el día 7. El cuerpo de Graciela, el más reciente, llevaba unos cinco días enterrado bajo fuertes lluvias cuando fue recuperado (el agua propicia una descomposición acelerada). La causa de muerte, concluyó la autopsia, fue un severo golpe en la cabeza. Además está la costumbre de usar la confesión como "prueba reina" y no indagar más, por lo que lo declarado por el asesino queda como verdad documental. Según algunas notas periodísticas, por lo general escritas con las filtraciones de la policía, Graciela fue repetidamente violada después de haber muerto. En el expediente de la policía secreta no hay copia de las autopsias, aunque sí algunas fotografías. Así que es probable que a estas alturas se hayan perdido otros datos que pudieran dar más certeza de lo que realmente pasó.

53 Después el testigo declararía que le pareció extraño que metiera el auto al callejón, ya que nunca lo hacía, por lo estrecho.

54 Así la describió Gregorio Cárdenas en su declaración.

55 Hay que recordar que, en cambio, solía llevar a casas de citas a quien era su esposa.

56 Esto fue corroborado por el vecino.

57 En realidad quien proporciona la edad de María de los Ángeles es el hermano de ésta. Dice ser su hermano gemelo y tener 20 años. En la mayoría de los documentos periodísticos se dice, sin embargo, que "Bertha" tenía 16 años.

58 Los agentes consignaron golpes en la cara en dos de los cuatros cadáveres. Él aseguró que en ambos casos ellas "se cayeron".

59 *La Prensa*, 10 de septiembre de 1942. Se trata de una bajada periodística, sin firma (probablemente el editor la redactó), pero en ninguna de las notas de aquella página se refiere algo más al respecto.

60 Miguel Gil, "Acorralada la fiera trata ahora de buscar la coartada", *La Prensa*, 10 de septiembre de 1942.

61 *El Nacional*, 11 de septiembre de 1942.

62 No 30, como dijo Gregorio, refiriéndose a ella como una mujer avejentada.

63 En México, el título "señorita" no tiene que ver con la edad de la mujer, sino con su papel en el espacio público.

64 "Goyo Cárdenas: el estrangulador de Tacuba (primera parte)", *Zeta Tijuana*, 29 de abril de 2019.

65 "Historia: 'Goyo' Cárdenas, el primer asesino serial de mujeres en México", *Pulso*, 6 de septiembre de 2019.

66 Ríos Molina, *Memorias de un loco anormal.*

67 Sandra McNeill, "Woman Killer as Tragic Hero", en *Femicide: The Politics of Women Killing*, ed. Jill Radford y Diana Russell (Nueva York: MacMillan, 1992), 178.

68 McNeill, "Woman Killer as Tragic Hero", 178.

69 La anécdota es retomada por Quiroz Cuarón, *Un estrangulador de mujeres*, 74. La copio casi textualmente.

70 José Revueltas, "La mente de Goyo Cárdenas", *El Popular*, octubre de 1492, recuperado en *La Jornada Semanal*, 31 de marzo de 1996.

71 Quiroz Cuarón, *Un estrangulador de mujeres*, 57.

72 No sobra señalar que la homosexualidad era considerada un trastorno o un problema. Y hasta la fecha la sociedad mexicana demuestra una profunda homofobia. Y odio contra la población LGBTQ+.

73 Quiroz Cuarón, *Un estrangulador de mujeres*, 57.

74 Revueltas, "La mente de Goyo Cárdenas". El dato de la muchacha y el conejo no lo he encontrado en ningún otro lado.

75 Sebastian Scheerer, "Mitos y mítodo. Hacia una simbología social de homicidas seriales y *profilers*", *Delito y Sociedad* 1, núm. 20 (2016): 103-118.

76 Scheerer, "Mitos y mítodo", 104.

77 Si bien no puedo corroborarlo con el texto original en alemán, llama la atención que el autor se refiere al *hombre*, así que cabe preguntarse si se refiere al género masculino únicamente.

78 Scheerer, "Mitos y mítodo", 107.

2. Tras los pasos del mito

1 En la mayoría de los casos lo llamaríamos feminicidio.

2 Aparentemente Laura Riding, poeta y pensadora, tuvo una importante influencia en las ideas que expone Graves.

3 Robert Graves, *La Diosa Blanca. Una gramática histórica del mito político*, ed. Grevel Lindop, trad. William Graves (Madrid: Alianza, 2019), 510.

4 El matriarcado es un sistema en el que los valores femeninos oprimen a lo masculino. La sociedad matrística es una en la que prevalece el linaje femenino y se valoran las características femeninas, pero no supone ninguna opresión.

[5] Eisler Riane, *El cáliz y la espada: Nuestra historia, nuestro futuro* (Santiago de Chile: Edit. Cuatro vientos, 2008), 17.

[6] Es decir, en la que ya había escritura.

[7] Salvatore Cucchiari, "La revolución de género y la transición de la horda bisexual a la banda patrilocal", en *El género. La construcción cultural de la diferencia sexual*, comp. Marta Lamas (México: UNAM/Miguel Ángel Porrúa, 1996), 182.

[8] La idea de un sistema de opresión es básica para iniciar una jornada de la representación del feminicidio.

[9] Florence Rosemberg y Estela Troya, *El ocaso de la diosa. Incesto, género y parentesco* (México: Porrúa/ILEF, 2012).

[10] Es decir, argumentos similares.

[11] Las autoras utilizan el término "pápago", el cual ha sido rechazado por las comunidades originarias. Este grupo, por cierto, podría estar emparentado con los mexicas, por lo que también hay que tomar "con pinzas" la clasificación de las autoras.

[12] Graves, *La Diosa Blanca*, 552.

[13] Es decir, provenientes de Grecia.

[14] Graves, *La Diosa Blanca*, 552.

[15] Me interesa enfatizar cómo desde entonces hay tres conceptos ligados en el imaginario occidental: la guerra, la violación y el feminicidio.

[16] Graves, *La Diosa Blanca*, 552.

[17] Véase María Luisa Melero Gracia, "Muerte en Mispá. El caso de la hija de Jefté (Jue 11,29-40)", en *La violència en la Bíblia, Scripta Biblica*, núm. 9 (2009): 67-86; Tatiana Mejía Isaza, "Interpretación y predicación de textos de violencia del Antiguo Testamento: Jefté y su hija, un caso de feminicidio" (tesis de grado, Fundación Universitaria Seminario Bíblico de Colombia, Facultad de Teología, 2018); Mercedes Navarro Puerto, *Violencia, sexismo, silencio. Inconclusiones en el libro de los Jueces* (Estella, Navarra: Verbo Divino, 2013).

[18] Thompson, J.L. Writing the Wrongs: Women of the Old Testament among biblical Commentator from Philo Through the Refomration (Oxford: Oxford University Press 2001), 4.

[19] Cristina Rivera Garza, *El invencible verano de Liliana* (México: Literatura Random House, 2021).

[20] Véase el capítulo 4 de este libro.

[21] *Biblia de Jerusalén* (Bilbao: Desclée De Brouwer, 1975).

[22] En el ejemplar de la Biblia consultado se usa la palabra "virginidad" en vez de *betûlîm*. Pero rescato este término de las versiones mencionadas en Melero Gracia.

[23] Actualmente, en redes sociales y páginas de estudios religiosos, circulan algunas discusiones en las que se asegura que Jefté en realidad no dio muerte a su

hija, y que sólo la "consagró" a una vida monástica. Sin embargo, tanto Melero Gracia como la propia versión de la Biblia consultada enfatizan que, efectivamente, se trataría de un sacrificio humano (Véase Lordwin Lowrence, "A Feminist Analysis on Seeking the Identity of Jephthah's Daughter", 2011). De nuevo, en la cristianidad contemporánea —como con el cuadro de Goya— el relato primigenio es demasiado atroz, así que se reescribe. Además, cabe poner sobre la mesa, entonces, cuál es el valor simbólico de la vida monástica. ¿Acaso la muerte del mundo?

24 Melero Gracia, "Muerte en Mispá", 77.

25 Como se mencionó en otra nota, la Biblia consultada sí lo traduce como "virginidad".

26 Melero Gracia, "Muerte en Mispá", 78.

27 Mejía Isaza, "Interpretación y predicación de textos".

28 *Beauty and the Beast*, Folktales of ATU Type 425C, s. f.

29 Me baso en la observación de que el argumento central no ha sido reproducido, hasta donde ha llegado mi indagación, en ninguna película de Hollywood de los últimos 30 años.

30 Ana Basarte, "'El cuento de la doncella sin manos': versiones hispánicas medievales y la tradición oral en América", *Letras*, núms. 67-68 (2013): 27-38.

31 Álvarez, Nazira. "El Mito de Ifigenia En Áulide: La violencia en el sacrificio ritual de las Parthenoi", *Káñina* 41, no. 3 (2017): 23-38.

32 Aquí hago uso del concepto marxista de *mistificación*. Véase Clara Ramas San Miguel, *Fetiche y mistificación capitalistas. La crítica de la economía política de Marx* (Madrid: Siglo XXI, 2018).

33 En otras versiones, Agamenón hizo enojar a Artemisa.

34 El monólogo de Clitemnestra en la tragedia describe de manera muy conmovedora y certera las violencias que las mujeres solían tener en estos procesos de guerra. Clitemnestra había estado casada en primeras nupcias con Tántalo. Pero en una guerra Agamenón mata a Tántalo y al hijo recién nacido de éste y Clitemenestra. Luego ella debe casarse con Agamenón, a pesar de ser el asesino de su esposo y su bebé. Todo ello le reprocha Clitemnestra al enterarse de que ahora Agamenón pretende sacrificar a la hija menor de ellos, Ifigenia, para recuperar a otra joven.

35 Eurípides, *Ifigenia en Áulide*.

36 Pierre Bourdieu, *La dominación masculina* (Madrid: Anagrama, 2007), 22.

37 Maria Mies, *Patriarcado y acumulación a escala mundial*, trad. Paula Martín y Carlos Fernández Guervós (Madrid: Traficantes de Sueños, 2019), 31.

38 Rita Segato "La célula violenta que Lacan no vio", en *Las estructuras elementales de la violencia. Ensayos sobre género entre la antropología, el psicoanálisis y los derechos humanos* (Buenos Aires: Universidad Nacional de Quilmes, 2003), 84.

39 Maurice Godelier, *El enigma del don* (Barcelona: Paidós, 1998).

40 Estoy consciente de que es impreciso o poco metódico imprimir los valores de la idiosincrasia propia a una práctica lejana en tiempo y espacio. Por ello me abstengo de usar la palabra violación. Sin embargo, la distribución inequitativa de poder es poco cuestionable.

41 Jules Falquet, "Más allá de las lágrimas de los hombres", en *Pax neoliberalia. Perspectivas feministas sobre (la reorganización de) la violencia contra las mujeres* (Buenos Aires: Madreselva, 2017).

42 No todos los hombres que son sujetos a este maltrato logran superarlo. Es decir, el permiso o la licencia para maltratar en esta estructura masculina viene de la mano con el hecho de sobrevivir o superar lo experimentado. De este modo existe un filtro en las estructuras masculinas, con el costo de la ruptura psíquica de aquellos más sensibles o inadecuados para el patriarcado duro.

43 Godelier, *El enigma del don*, 174.

44 Segato, "La célula violenta", 101.

45 Rita Segato, *Contra-pedagogías de la crueldad* (Buenos Aires: Prometeo Libros, 2018), 28-29.

46 Jorge Oliva, "La mujer y el mito", Biblioteca Virtual Miguel de Cervantes, 2007.

47 De acuerdo con investigaciones recientes, este cerro mítico pudo haberse encontrado en Hidalgo, el cerro Hualtepec o del Astillero, a unos 3 mil 500 metros sobre el nivel del mar. Véase Ana Mónica Rodríguez, "Arqueólogos del INAH ubican el sitio donde nació Huitzilopochtli", *La Jornada*, 14 de enero de 2014.

48 Cabe precisar que, según los registros que se tienen, el adulterio entre los mexicas era castigado con la tortura y la muerte. Véase Eduardo Matos Moctezuma, "Las sesis Coyolxauhqui: variaciones sobre un mismo tema", *Estudios de Cultura Náhuatl*, núm. 21 (1991): 15-29.

49 Esto, según lo narrado por Bernardino de Sahagún en la *Historia general de las cosas de la Nueva España*.

También se confrontaron aspectos para la reconstrucción en Fernando López Aguilar y Haydeé López Hernández (eds.), *Huichapan: tres momentos de su historia* (Pachuca: Consejo Estatal para la Cultura y las Artes de Hidalgo, 2014).

50 Si bien Cuauitlícac sería su hermano, Huitzilopochtli se refiere a él, en la versión de Bernardino de Sahagún, como su tío. ¿Sería esto un indicio sobre quién era el padre o, más aún, sobre quién era su madre? Se explorará en las siguientes páginas.

51 Después este sería el sacrificio ritual: decapitación y descuartizamiento de un preso de guerra. Como apunta Matos Moctezuma, una forma de recordar míticamente quién manda y quién fue derrotado(a).

52 La idea de que Coatlicue y Coyolxauhqui son la misma ha sido propuesta por Jean-Claude Delhalle y Albert Luykx, en "Coatlicue o la degollación de la madre", *Indiana*, núm. 12 (1992): 15-20.

53 Tetzáuitl: presagio, cosa horrenda o manifestación de los dioses en el ámbito humano.

54 De Sahagún, *Historia general*, 141.

55 De nuevo, el mito como una forma de condensar los sucesos de un tiempo perdido.

56 La mítica peregrinación del norte al sur que hicieron los aztecas probablemente fueron muchas migraciones, de diversos pueblos, a lo largo de un horizonte temporal.

57 Matos Moctezuma, "Las seis Coyolxauhqui", 15-16.

58 Matos Moctezuma, "Las seis Coyolxauhqui", 17.

59 Barbra Mabee, "Reception of Fairy Tale Motifs in Texts by Twentieth-Century German Women Writers", *Femspec* 1, núm. 2 (1999): 16-29.

60 Dianne Graf, "Rereading Female Bodies in Little Snow White: Independence and Autonomy versus Subjugation and Invisibility" (tesis de maestría, Universidad de Wisconsin, 2008).

61 Mabee, "Reception of Fairy Tale Motifs".

62 Ch. Pellat, "ALF LAYLA WA LAYLA," Encyclopædia Iranica, I/8, pp. 831-835; an updated version is available online at http://www.iranicaonline.org/articles/alf-layla-wa-layla (accessed on 18 May 2014).

63 Josefina Ludmer, "Las estrategias del débil" en *La sartén por el mango* (Puerto Rico, Ediciones El Huracán, 1985).

64 Es muy frecuente que a los feminicidas se les caracterice de esa forma, como "carismáticos", "complejos", con necesidad de ser "estudiados", "comprendidos".

65 Ciudad de Baviera, Alemania.

66 Véase Marina Fe (coord.), *Mujeres en la hoguera. Representaciones culturales y literarias de la figura de la bruja* (México: UNAM, 2014), 9.

67 Jane Hurst, *La historia de las ideas sobre el aborto en la Iglesia católica*, trad. Caridad Inda, 4.° ed. (México: Católicas por el Derecho a Decidir, 1996).

68 Hurst, *La historia de las ideas sobre el aborto.*

69 Véase Umberto Eco (coord.), *La Edad Media. I. Bárbaros, cristianos y musulmanes* (México: Fondo de Cultura Económica, 2019); Jules Michelet, *La bruja. Una biografía de mil años fundamentales en las actas judiciales de la Inquisición*, trad. Rosina Lajo y María Victoria Frígola, 5.ª ed. (Madrid: Akal, 2019). Algunos autores sitúan el fin de la Edad Media en 1492, con el "descubrimiento" e invasión de América. Pero otros parten del siglo XIII.

70 Hurst, *La historia de las ideas sobre el aborto.*

71 Eco, *La Edad Media*; Michelet, *La bruja.*

72 Anne Barstow, *Witchcraze: A New History of the European Witch Hunts* (Londres: Pandora, 1994).

73 Michelet, *La bruja.*

[74] Carlo Ginzburg, *The Night Battles: Witchcraft and Agrarian Cults in the Sixteenth and Seventeenth Centuries* (Abingdon: Routledge, 1983).

[75] Véase Barstow, *Witchcraze*. Me pregunto si el nombre de esta mujer, Walpurga, habrá sido también ocasión de que para nuestro tiempo se reinterpretara el Walpurgis (fiesta pagana) como una fiesta de brujería demoniaca.

[76] Silvia Federici, *Calibán y la bruja. Mujeres, cuerpo y acumulación originaria* (Madrid: Traficantes de Sueños, 2010).

[77] Heinrich Kramer y Jacob Sprenger, *Malleus Maleficarum*, 1487; Ana María Cortés Nava, "Cómo capturar y eliminar a las brujas según el *Malleus Maleficarum* o *Martillo para las brujas* (1487)", en *Mujeres en la hoguera. Representaciones culturales y literarias de la figura de la bruja*, coord. Marina Fe (México: UNAM, 2014).

[78] El título está inspirado en la definición que Diana Wallace hace del llamado "gótico femenino": "heroines in flight from male tyrants across fantastical landscapes and in search of lost mothers entombed in womb-like dungeons beneath patriarchal castles" (Wallace and Smith 2009, 2).

[79] Sarah Di Carluccio, "Women's Timeless Fascination with True Crime and Horror" (tesis de maestría, Universidad Estatal de Nueva York, Albany, 2022).

[80] Di Carluccio, "Women's Timeless Fascination", 1.

[81] Saif Ali Khokhar y Dr. Satkala, "The Representation of the 'Monstrous Feminine' in *The Monk*", *International Journal of Creative Research Thoughts* 7, núm. 2 (2019): 348-350.

[82] Mary Shelley, *Frankenstein* (Nueva York: Dover Publications, 1994).

[83] Daniel A. Cohen, "The Beautiful Female Murder Victim: Literary Genres and Courtship Practices in the Origins of a Cultural Motif, 1590-1850", *Journal of Social History* 31, núm. 2 (1997): 277-306.

[84] "Oliver Twist", Britannica, s. f.

[85] Cabe mencionar que en otra novela cumbre del autor, *Crimen y castigo*, se describe de nueva cuenta no uno, sino dos asesinatos de mujeres: el de la anciana usurera y el de su sirvienta, Lizaveta. En estos asesinatos, los motivos de género se encuentran poco delineados.

[86] Jill Radford y Diana Russell (eds.), *Femicide: The Politics of Women Killing* (Nueva York: MacMillan, 1992), 24.

[87] Rosemberg y Troya, *El ocaso de la diosa*; Segato, *Contra-pedagogías*.

[88] Este vínculo entre feminicidios y zapatos será descrito en los siguientes capítulos.

3. La flor más oscura de todas

[1] "Watch: Givenchy's Dahlia Noir Ad Starring Mariacarla Boscono", *The Independent*, 15 de agosto de 2011.

2 Susan Orleans, *El ladrón de orquídeas: una historia verdadera de belleza y obsesión*. Primera edición en "Compactos" (Barcelona Editorial Anagrama, 2019).

3 Véase Jana Thill *et al.*, "'Le Rouge et le Noir': A Decline in Flavone Formation Correlates with the Rare Color of Black Dahlia (*Dahlia variabilis* Hort.) Flowers", *BMC Plant Biology*, núm. 12 (2012): art. 225. https://bmcplantbiol.biomedcentral.com/articles/10.1186/1471-2229-12-225

4 Véase Piu Eatwell, *Black Dahlia, Red Rose: The Crime, Corruption, and Cover-Up of America's Greatest Unsolved Murder* (Nueva York/Londres: Liveright, 2017).

5 Véase Donald H. Wolfe, *The Black Dahlia Files: The Mob, the Mogul, and the Murder that Transfixed Los Angeles* (Nueva York: Regan, 2006).

6 Otros medios lo llamaron Hombre Lobo.

7 Wolfe, *The Black Dahlia Files*.

8 Wolfe, *The Black Dahlia Files*.

9 "Girl Torture Slaying Victim Identified by Examiner, FBI".

10 "The F.B.I. files disclosed the victim's identity after *The Times* wired classification of her fingerprints to Washington", *Los Angeles Times*, 17 de enero de 1947, recuperado de los archivos del FBI. Para Wolfe, que *Los Angeles Times* proclamara haber sido el que logró identificar a la víctima era una mentira. Quisiera agregar una segunda posibilidad: que los investigadores hubieran filtrado las huellas dactilares a ambos periódicos.

11 "Sex Fiend Slaying Victim Identified by Fingerprint Records of F.B.I.", *Los Angeles Times*, 17 de enero de 1947.

12 Las cursivas son mías.

13 Disponible en https://www.fbi.gov/image-repository/police-bulletin-short.png.

14 Véase "Black Dahlia (Elizabeth Short)", parte 1, FBI Records: The Vault, s. f.

15 Wolfe, *The Black Dahlia Files*, 85.

16 Pareciera que éste es un proceso común en el arco narrativo de las víctimas de feminicidio: la descripción de un crimen doloroso, la indignación social; luego el denuesto de la víctima, en proporción similar si al inicio hubo un interés público importante. Esto ha sido descrito y señalado por autoras como Millet (2010) y otras.

17 Wolfe, *The Black Dahlia Files*, 86, nota al pie.

18 Véase Patricia C. Lewis *et al.*, "Femicide in the United States: A Call for Legal Codification and National Surveillance", *Frontiers in Public Health* (2024): 1-5. En este documento se hace un llamado a la tipificación del *femicidio* en Estados Unidos, al encontrarse en el país número 34 con mayor prevalencia de homicidios de mujeres. Esto a pesar de ser la nación con la economía más rica del mundo.

19 "Dahlia Noir", *La central de perfume*, s. f.

[20] "Givenchy Dahlia Noir", *Beauty Blogette*, s. f.

[21] J. Mitchell Miller (Ed.), *21st Century Criminology: A reference handbook* (Nueva York: Sage, 2009).

4. Una mancha roja en el pecho: dime qué forma tiene

[1] Julia Monárrez, "Las víctimas del feminicidio juarense: mercancías sexualmente fetichizadas", *Fermentum* 16, núm. 46 (2006): 429-445.

[2] Amanda, Fortini, "The Sisters Behind Rodarte." *The New Yorker*, January 10, 2010. https://www.newyorker.com/magazine/2010/01/18/twisted-sisters.

[3] Véase FashionBrandsInfo, "Rodarte Fall Winter 2010 2011 Full Fashion Show Part 1 High Quality", YouTube, 1 de junio de 2010.

[4] Véase Mmaraboto, "Las muertas de Juárez MAC Rodarte", YouTube, 10 de junio de 2013.

[5] Las cursivas son mías.

[6] Nicole Phelps, "Rodarte Fall 2010 Ready-To-Wear", *Vogue*, 15 de febrero de 2010.

[7] El primer feminicidio que es documentado en ese espacio de narración colectiva está datado en 1993. Véase "Feminicidios en Ciudad Juárez", Wikipedia, consultado por última vez el 3 de enero de 2022.

[8] J. Pérez-Espino, comunicación personal, 21 de noviembre de 2022.

[9] Pérez-Espino Comunicación personal, 21 de noviembre de 2022.

[10] Comunicación personal, 18 de noviembre de 2022

[11] Rohry Benítez, Adriana Candia, Patricia Cabrera, Guadalupe de la Mora, Josefina Martínez, Isabel Velázquez y Ramona Ortiz, *El Silencio Que La Voz de Todas Quiebra* (Ciudad Juárez: Ediciones del Azar, 1999).

[12] Comunicación personal, 3 de mayo de 2023.

[13] El tema de que los cadáveres de mujeres estaban colocados de forma especial, así como los zapatos y la ropa, fue retomado por diversos periodistas tanto de Estados Unidos como de la capital mexicana. Esto abonó a la idea de un asesino serial o de asesinatos rituales.

[14] Esto de acuerdo a datos recabados del Banco Mundial. En la actualidad no es así: México triplica el número de homicidios de mujeres que Estados Unidos. El punto de arranque fue, sin embargo, 2008, lo que coincidió con la llamada guerra contra el narcotráfico. Véase "International Homicides, Female (per 100,000 -United States, Mexico", World Bank Group Data, s. f.

[15] Cito sólo una, entre la infinidad de descripciones similares. No es afán señalar o condenar a individuos que replicaron este bulo informativo, ya que fue algo sistémico: "Los feminicidios de Ciudad Juárez siguen una dinámica particular que se observa en la recurrencia de una serie de patrones criminales: la mayor parte de las víctimas, jóvenes, pobres, oriundas de otros estados mexicanos,

especialmente llegadas de áreas rurales, y trabajadoras de la maquila, son secuestradas, violadas, golpeadas, mutiladas y asesinadas. Se trata de crímenes sexuales motivados por una pulsión erótica de muerte, que encuentra un goce estético en la fetichización del cuerpo femenino violentado: las manos de las víctimas aparecen atadas con los cordones de sus zapatos; sus pezones y senos son cercenados, a mordiscos o con mecanismos cortopunzantes; se les introducen objetos por vía anal o vaginal…". Andrade Martínez, Enrique. "Procesos, Discursos y Prácticas Estructurantes de La Violencia Contra Las Mujeres En Ciudad Juárez." *Kamchatka. Revista de Análisis Cultural*, no. 10 (2017): 427–46.

16 Comunicación personal, 21 de noviembre de 2022.

17 Monárrez, "Las víctimas del feminicidio juarense".

18 Esta mecánica sí podría ser relevante. Por ejemplo en el informe del Observatorio Ciudadano Nacional del Feminicidio de 2008 se concluyó que 45% de los feminicidios en esos años fueron cometidos por medio del uso excesivo de la fuerza, entre ellos la asfixia. El uso de la asfixia como forma de feminicidio varía. En aquellos años, la región en donde más se registró fue en el Bajío, con un 26%. Entonces, un 58% por ciento quizá sí sería un indicador importante.

19 Otras informaciones hemerográficas registran que podría haber tenido 14 años.

20 Según información periodística, la adolescente fue atacada por Jesús Manuel Guardado Márquez, chofer de la ruta de 25 años y expolicía judicial. Fue detenido días después en el estado de Durango. Véase Sergio González Rodríguez, *Huesos en el desierto* (Barcelona: Anagrama, 2002).

21 Sergio González Rodríguez, *Huesos en el desierto* (Barcelona: Anagrama, 2002).

22 Monárrez, "Las víctimas del feminicidio juarense", 431.

23 De nuevo, sin tilde.

Conclusiones

1 Véase Sebastián Scheerer, "Mitos y mítodo. Hacia una simbología social de homicidas seriales y profilers". *Delito y Sociedad* 1, núm. 20 (2016), 103-118.

enguin Random House Grupo Editorial, S.A.U.
ravessera de Gràcia, 47-49
CZ, 8021
S
ttps://www.penguinlibros.com/es/content/1334-seguridad-de-los-productos
eguridadproductos@penguinrandomhouse.com
34 93 366 03 00

he authorized representative in the EU for product safety and compliance is

enguin Random House Grupo Editorial, S.A.U.
ravessera de Gràcia, 47-49
CZ, 8021
S
ttps://www.penguinlibros.com/es/content/1334-seguridad-de-los-productos
eguridadproductos@penguinrandomhouse.com
34 93 366 03 00

BN: 9798890987440
elease ID: 156016905

www.ingramcontent.com/pod-product-compliance
Lightning Source LLC
LaVergne TN
LVHW041158150826
845673LV00001B/206

* 9 7 9 8 8 9 0 9 8 7 4 4 0 *